Win to Win
First Principle to Enterprise
Compensation Governance

企业薪酬治理的第一原则

石伟 著

中国人民大学出版社
·北京·

序

2023 年，笔者所在的中国人民大学劳动人事学院——全国首个开设人力资源管理专业的学院成立 40 周年。作为该院大概也是全国首位人力资源管理专业的研究生，从留校任教迄今，在教学、科研和社会服务领域，笔者亲历并见证了传统公共行政管理中的人事管理完成了从人力资源管理到战略人力资源管理的嬗变。其间，传统的工资管理被薪酬管理取代，薪酬管理开始跃出企业层面而与社会层面相连。

几乎在同一时期，我国公共行政管理完成了从管理到治理的转变。中共十八届三中全会提出了"国家治理""政府治理""社会治理"等理念，在实践上则通过多元权力主体间的博弈与协同保证公共行政管理的合法性、合理性以及有效性，实现了治国理念的新跨越。

人力资源管理和公共行政管理的转变引发了学者和实践工作者对零和博弈和双赢博弈的关注。社会的各个方面都存在与博弈类似的情景。从个体层面、群体层面、企业层面到社会层面，伴随着经济高速增长、科技进步、全球化等新的挑战，零和博弈正逐渐被双赢博弈取代。正如人们所期待的那样，从零和走向双赢需要各方具备合作的精神。

从人力资源管理领域的薪酬设计来看，双赢需要关注利益相关者，总体上可以二分为企业和员工能在整体薪酬理念的指导下，完成从薪酬管理向薪酬治理的跃迁。战略人力资源管理尽管超越了传统人事管理以身份套级的工资发放办法，但企业和员工作为博弈的双方，遵循的依然是"企业拿大头，员工拿小头"的原则。而薪酬治理的实质则在于将双赢作为第一原则或者首要原则，在这一最基本的命题或者假设的指导下体现薪酬善治的理念，达成企业有发展，员工有获得感的目标。

理论是灰色的，生命之树常青！在中国式现代化和中国式管理的探索之路上，2023 年 4 月笔者欣喜地看到一直担任华为管理顾问的吴春波教授题为《三年最苦是华为》的文章。文中提到，2022 年华为分红总额达到 719.55 亿元，人均分红约54.7 万元。而 2022 年华为的销售收入为 6 423 亿元，同比增加0.9%。可以说，华为在三年打压的逆境中高质量地活了下来。

与此同时，中国涌现出很多如华为一样的标杆企业。在这些企业中，员工并没有掉到钱眼儿里，企业也没有只盯着钱，而是"力出一孔，利出一孔"。员工和企业不仅结成利益共同体，而且形成命运共同体，休戚与共，完成了从薪酬管理到薪酬治理的转变，并且不断诠释"科技向善"一般的"薪酬善治"的行为事件和案例，为企业和员工双赢提供了可行的解决方案。

在理论上，这一趋势可以视为中国式管理在薪酬设计领域的探索。从自然和逻辑的起点上看，双赢不仅是第一原则，也是中国企业未来薪酬设计的新进路。

薪酬治理和薪酬善治的理念主要源自实践，这也是人力资源管理超学科特点的应然。本书首次提出了薪酬善治的概念，聚焦从薪酬管理到薪酬治理所涉及的理念和方法，即遵循企业和员工双赢的第一原则，从价值链管理的角度重点介绍薪酬治理模式，并对企业薪酬治理中有关价值创造、价值评价和价值分配的问题提出了具有可操作性的解决方案。在本书中，薪酬管理的博弈思想通常用分钱指代，利益相关者简分为企业和员工两类群体。本书的框架可以概述为：

- 薪酬管理：分钱还不乐意？
- 薪酬治理：分钱要有目的
- 薪酬包结构：分钱的步骤
- 薪酬包与价值创造
- 薪酬包与价值评价
- 价值分配：福利和长期激励

　　作为工商管理类专业书籍，本书在风格、体裁和语言上力求简洁、明快，通过简要的理论介绍，帮助读者在"知其然"的基础上"知其所以然"，更快捷地掌握薪酬治理的诀窍。对于企业高管，人力资源管理同行，尤其是负责薪酬管理的 HR 领导和实务工作者，以及对薪酬治理感兴趣的 MBA、EMBA、EE 等学员而言，理解薪酬治理的科学性和艺术性，有助于你和你的企业从战略人力资源管理迈向整体性人力资源管理，从"我赢 – 你输"走向"我赢 – 你赢""大家好才是真正好"的正念。

　　拿破仑曾经说："世界上有两根杠杆可以驱使人们行动——利益和恐惧。"这也是常说的"胡萝卜加大棒"，而在现代，军事家拿破仑的这一思想已经被超越。你如果了解中国企业和中国企业家群体的良善基因就会发现，不仅有华为的任正非、福耀的曹德旺、新东方的俞敏洪等知名企业家，还有很多鲜为人知的企业领导者和管理者一直佐证，并秉承了"薪酬向善"的思想。他们深知被善待的员工也会善待企业，做大蛋糕、实现双赢成为一种信仰。而实现这种信仰的机制和方式，正是本书所关注的。

前 言

　　党的二十大报告明确提出，努力提高居民收入在国民收入分配中的比重，提高劳动报酬在初次分配中的比重。同时，促进机会公平，增加低收入者收入，扩大中等收入群体。

　　对于企业而言，员工收入分配与薪酬管理相关，其中的关键在于企业和员工作为博弈的双方，遵循双赢的第一原则，互相信任和理解，借助薪酬包和相关解决方案，重新审视和诠释价值链管理中的价值创造、价值评价和价值分配，将企业中的各方利益相关者紧密相连，打造出一个真正的利益共同体和命运共同体，进而将企业从薪酬管理带入薪酬治理的新时代。

　　本书的具体内容如下：

　　第一章是对传统薪酬模式弊端的剖析。该章直面问题，基于文献和笔者为企业提供专业咨询的经验，从企业层面解析传统"底薪＋提成"模式的弊端、困局、共性问题，并指出了传统薪酬模式失效的原因，帮助读者了解传统薪酬管理的不足。

　　第二章从薪酬治理的视角，简要阐释运营管理、价值链管理和人力资源管理中的价值创造、价值评价和价值分配模式，并对华为的利润中心模式予以介绍。这一模式在建构个体薪酬包与组织薪酬包的过程中，纵向上将个体、群体和组织层层相因，横向上搭建薪酬包生成、评价、分配环环相扣的体系。该章内容基本围绕华为的薪酬治理展开，并探讨了薪酬善治的概念和内涵。

第三章基于整体薪酬包括的主要内容，纵向上介绍了个体薪酬包的操作内容，然后对组织薪酬包的架构做出阐释并介绍操作性步骤。该章最后基于个体薪酬包市场基准线确定中的市场导向，引出企业薪酬治理对数字化转型的诉求和对价值链管理的重视。

第四章首先介绍了薪酬包是如何生成的，进而说明了人力资源管理中价值创造的主体。在比较了授予制与获取分享制后，该章以深圳深国投商用置业有限公司战略、组织、人力资源管理中的薪酬变革为例，以期使读者了解企业在价值创造过程中有关人力资源整体上与薪酬治理配套的运作方法。

第五章首先对薪酬包评估中的问题进行分析，然后上升到价值评价的高度，就人力资源管理的关键绩效指标、目标与关键成果法、平衡计分卡、收益分享计划等做了介绍，进而讨论了战略预算、经营预算、企业预算和成本控制方式，这也是从

薪酬治理到薪酬善治的重要内容。最后，该章介绍了薪酬治理
中必不可少的管理沟通要点。

第六章则针对相对固定的福利计划，尤其是自助式福利计
划的操作进行了说明，随后通过深国投限制性虚拟股权的具体
设计做出详尽阐释，以便读者举一反三，选择合适的长期激励
模式。

本书基于薪酬治理的模式首度提出薪酬善治的理念，希
望企业家、企业领导者和管理者，尤其是人力资源管理者具备
"薪酬向善"的思想。在科技日新月异、新的管理方式不断涌现
的当下，企业与员工的关系已经重构。通过合理分配或者薪酬
治理，能够激活员工创造价值的潜能，最终为企业创造更多收
益。企业和员工不再是管理与被管理的关系，而是形成了超越
利益共同体的命运共同体。

囿于篇幅，本书只是以价值创造、价值评价和价值分配贯
穿始终，为新时代背景下的薪酬治理提出可行的解决之道。面
向不同的读者群体，本书尽量使用通俗易懂的话语和相应案例，
以期能开卷有益。需要说明的是，华为是企业薪酬治理的典范，
本书多处介绍了华为的薪酬治理体系。借鉴华为的经验，企业
家、领导者和管理者也能带领企业从平凡走向非凡。

在本书脱稿之际，感谢我工作至今的中国人民大学劳动人

事学院历届领导和同人，尤其是迄今还活跃在人力资源管理理论和实务界的孙健敏、彭剑锋、周文霞、许玉林、文跃然、程延园、王丽娟教授，他们敏锐的洞察力和恪尽职守的精神引导我积极向上。感谢人力资源管理系的所有新锐，如徐世勇、苏中兴、刘松博、李育辉、王祯、王青、骆南峰，还有赵恺、于坤、金秋萍、陈雯、李海蓉、冯雯、魏昕、毛凯贤、王亚婷，他们科学求真和不断进取的风范给了我深刻的印象，能置身于这个团队让我充满了自信和自豪。

感谢作为学兄的中国人民大学公共管理学院吴春波教授。作为华为管理顾问，他对华为的著述总是带给我身临其境之感，他仔细审视本书并给予了推荐。同样感谢为本书做推荐的新东方教育科技集团人力资源部总经理邢洁，她在新东方20多年的职业生涯本身就是一个专业人力资源管理者的生动叙事。感谢专业咨询师孙健，他也毕业于中国人民大学劳动人事学院，他勤于实践和善于思考，本书许多有关华为的薪酬介绍都出自他的观察和总结。感谢中国人民大学出版社的编辑谷广阔，在多年的合作中，他的专业素养，连同他的幽默感和乐观豁达帮我度过了疲惫不堪的时期。博士生王一江参与审校，夏淼对引用的文献加以整理，在此一并致谢！

由于视野和水平所限，疏漏在所难免，希望读者不吝赐教

并批评指正。我的联系方式为 swei@ruc.edu.cn，期待后期能与
读者分享和沟通薪酬治理和人力资源管理的心得。如果本书能
起到抛砖引玉的作用，并使各位同人对薪酬治理的理念和体系
有所触动，那正是我的初衷。

目 录

第一章

薪酬管理：分钱还不乐意？

任正非说："企业管理最难的工作是如何分钱，钱分好了，管理的一大半问题就解决了。"

对一般企业而言，分钱是上至老板下至普通员工最关注的事情。然而，很多企业在分钱上费尽心机，运用了形形色色的方法，设计了林林总总的方案，却发现效果不尽如人意。

原因无外乎两个：一是分钱的功力不够；二是传统的薪酬管理模式越来越不适应新时代的要求，逐渐暴露出其内在缺陷。开门见山，我们围绕总体薪酬的模型（见图1-1），主要针对当期薪酬展开详述。

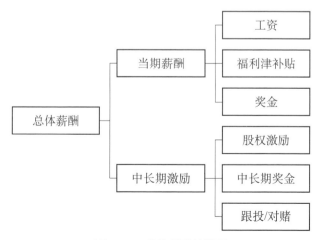

图1-1　总体薪酬的模型

1.1 传统"工资 + 奖金"模式的问题

"工资 + 奖金"是较为简单的薪酬分配模式，一般为 12 个月工资 + 年终奖。工资按月发，年终奖是基数和绩效考核系数的乘积，基数一般为几个月的工资（例如 2 个月）或者年薪的一定比例（例如 20%）（见表 1 - 1）。这种模式非常直观，能让员工对自己到手的钱有清晰的感知，也能方便 HR 管理。

表 1 - 1　年终奖计算示例

层级	基数	个体绩效考核系数	绩效考核结果
高层管理者	年薪 40%	S=1.2	S（超出挑战目标）
中层管理者	年薪 30%	A=1.1	A（超出达标目标）
基层管理者	年薪 20%	B=0.9	B（低于达标目标）
普通员工	2 个月工资	C=0.8	C（低于底线目标）

然而，这种模式看似规范，但毫无技术含量，还可能带来种种严重后果。这种模式十几年前被一些国际咨询公司主推，至今仍常见于各类企业。下面举例说明"工资 + 奖金"模式可能带来的一些负面后果。

1.1.1 奖金丧失激励性——失望的马总经理

某汽车公司的马总经理以高薪引进了一名曾任职于国际咨询公司的 HR，希望他能系统改进公司的人力资源管理体系，特别是解决薪酬激励不足的问题。该 HR 采纳了咨询公司的建议，设计出"工资＋奖金"模式的新薪酬体系，其中奖金与绩效考核结果挂钩（见表1-2）。

表1-2 绩效考核结果与奖金挂钩系数

绩效考核结果	S	A	B	C	D
奖金挂钩系数	1.5	1.2	1	0.6	0

HR 声称，个体绩效与奖金挂钩将极大地调动员工的工作积极性，马总经理也认可这一激励方式。然而，结果事与愿违。部门经理碍于人情，普遍给下属打分比较高，加上绩效考核标准不明晰，造成考核结果基本都在 B 以上，员工大多能拿到基数一倍以上的奖金。

马总经理认为这样的结果有问题，HR 则表示必须实行强制分布，硬性规定考核结果为 C、D 的员工比例。但此举遭到部门经理的抵制，各部门依旧我行我素。马总经理还发现销售人员失去了进取心，缺乏拼搏精神。究其原因，是奖金没有激励性，多干少干基本一样，奖金差别不大，于是员工都懈怠了。马总经理很是不满，之后不久便将这一方案和该 HR 一起"扫地出门"了。

由此可以看出，"工资＋奖金"这种看似规范的分钱方式，虽然便于管理，但对员工的激励作用微乎其微，大多数人的绩效考核挂钩系数波动不大，奖金变化也较小。因为绩效考核无法做到精准化和个性化，大多数公司都是将绩效分为几个等级，绝大部分员工的评级都在正常等级及以上，都能获得预期的奖金。于是，本来应该发挥激励作用的奖金，逐渐变成了固定的福利。本质上看这是平均主义，是"大锅饭"；而且预期收益区分度不大，对员工没有太大的吸引力。更为严重的是，这种模式鼓励的是个人主义，因为员工奖金只与个体绩效和基数相关，员工只着眼于自己的绩效，不会考虑团队，团队合作变成了单兵作战。另外，在预期收益既定的情况下，员工如果想争取收益最大化，最佳的行为就是尽可能少地付出。这就是为什么在执行"固定工资＋定额奖金"的企业中，员工都缺乏动力，倾向于偷懒耍滑。

1.1.2 和企业效益无关——某公司被迫发放年终奖

图1-2是一个企业真实案例，人力资源总监（HRD）按照薪酬制度，计算出年终奖为2 000万元，结果惹怒了CEO，最后被炒鱿鱼。他的设计思路停留在传统面向个体的薪酬设计方式：个人应发奖金＝个人奖金基数×绩效考核系数。这个逻辑在个体层面看没有问题，可一旦上升到部门层面、公司层面，麻烦则接踵而至。个人奖金没有与部门效益、公司效益挂钩，

结果是公司无论业绩如何，都要给员工发奖金。

HRD　老板，按照薪酬制度，年底要发放年终奖2 000万元。

怎么算的？　**CEO**

HRD　是这样的，薪酬制度规定员工有以2～6个月的工资为基准的年终奖，和绩效结果挂钩，评级为A的系数是1.5，B是1.0，C是0.5，两者相乘得到年终奖，全体员工加起来是2 000万元。

可公司今年效益很差，年初绩效目标也没完成，按道理没有年终奖。　**CEO**

HRD　老板，我这是严格按制度计算的，没问题啊！

哪有公司亏损还要发年终奖的？你这制度有问题！　**CEO**

图1-2　被迫发的年终奖

为了改善这种情况，传统的薪酬管理模式给原有的制度打了一些"补丁"，比如，完善组织绩效考核方法，在公司、部门层面也进行考核，生成组织绩效考核系数；个人奖金和公司、部门的绩效考核结果挂钩，以堵住漏洞。

但是由此又产生了新问题，每个员工的绩效和公司绩效的相关程度一样吗？总有强相关，比如总裁、高管等，也有弱相关，比如前台、基层人员等。公司绩效不好，全体奖金都降低倒还罢了，一旦公司绩效变好，基层人员的奖金水涨船高，就会被质疑搭便车，引发矛盾。明确量化这种相关关系又会很有难度，需要说明每个岗位和公司整体效益的关系，大费周章。

薪酬与绩效强相关的前提，就是绩效考核必须十分准确、公平，结果经得起推敲，因为这涉及每个人的利益。但实际上，大多数时候，绩效考核都无法做到完全准确和公平，尤其是在外部形势发生变化或者完全偏离年初设定的目标时，绩效考核结果会备受质疑。例如，如果年中市场形势急转直下，年初的目标很难完成，部门经理纷纷申请调整绩效目标，该如何是好？调低目标，是老板吃亏，相当于老板自掏腰包给员工发奖金；不做调整，则是员工吃亏，完不成任务，也拿不到年终奖。

归根结底，在传统薪酬模式下，设计不好薪酬与最终绩效的挂钩关系，再怎么"打补丁"都无济于事，经常是按下葫芦浮起瓢，顾此失彼。传统薪酬模式需要一种更有力、更稳固的关联机制，以和公司效益形成联动。

1.1.3 激励不及时、不敏捷——任正非抨击年终奖

2013 年，在华为内部研讨会上，任正非语出惊人："我坚决反对年终奖的制度，年终奖制度是最落后的制度，要强调过程奖、及时奖。比如应有 50% 幅度的过程奖在年终前发完，没有发完的，到年终就不发了，不给你了。这样逼各部门及时奖

励。我们强调项目奖、过程奖、及时奖。"

任正非认为年终奖有滞后性，但他并未否定年终奖存在的意义。年终奖的目的首先是激励员工，其次是提升员工满意度，最后是提升雇主品牌的影响力，从而保留人才、提升员工敬业度，在下一年创造更好的业绩。但是在年终奖制度之外，企业需要及时认可员工，将认可与激励的周期缩短，更加注重工作过程中的激励。

激励很重要的一个原则就是及时性。激励不及时，则其效果会大大减弱。员工及时获得激励，才会做出改变。把激励攒到年底，黄花菜都凉了。传统薪酬模式尤其难以实现这一点，因为其设计思想就是事后激励，年底论功行赏。在"工资 + 奖金"的模式下，奖金是事先定好的：

第一，时点固定。大多数企业选择在年终发奖金，因为年终才会进行财务核算，核算后才能发奖金。少数企业选择季度、半年度等时点，及时性有所改善，但也难以实现"项目奖、过程奖、及时奖"。

第二，名目固定。很多企业也事先规划了专项奖，比如销售明星奖、市场突破奖、技术革新奖等，但这些专项奖金额和发放时间都比较固定，金额不会很大，及时性较弱。

第三，权限固定。各种奖金 / 奖励的权限通常收归在公司层面，各级经理没有权限。就算经理想及时激励员工，发 100 元奖金可能也很困难，因为没有来源。

如何改变事后分配制度，把对员工的激励提前化？过程奖励的设置是出路之一，如 50% 幅度的过程奖励应该在年终前发完，没有发完的到年终就作废，这是为了督促部门及时奖励员工，而不是把奖励全留到年底。

传统"工资 + 奖金"模式不支持事先发奖金，即使设有一些奖金名目，也是定额定向的专项奖，无法做到发放与业绩高度动态挂钩的奖金。而且传统薪酬模式基于集权而非分权设计，有薪酬成本失控的风险。

考虑到以上诸多弊端，华为打破了传统的分钱模式，将其升格成更高阶的薪酬模式，设立了能随时动用的薪酬包，各级管理者有权在动态过程中及时对员工进行激励。例如，当年余承东在华为 Mate 系列手机大卖之际，及时向用户界面团队发放了 200 万元奖励，这在以前是难以想象的。

1.2 传统"底薪 + 提成"模式的弊端

"底薪 + 提成"模式常用于营销部门，以下结合笔者咨询经历，以康哲药业为例进行介绍。该公司设计了金字塔架构的营销体系，采用经销商门店销售模式。在一个城市设置一个区域经理，一个省设置一个大区经理，几个大区设置一个营销副总。从区域经理到营销副总的薪酬都依据"底薪＋提成"模式，按医疗仪器的销量提成。销量小于存量无提成，销量介于存量和基本目标按 A% 提成，销量介于基本目标和挑战目标按 B% 提成，销量超过挑战目标按 C% 提成（见图 1-3）。

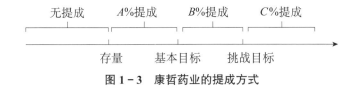

图 1-3　康哲药业的提成方式

　　康哲药业使用这种提成方式多年。然而 2017 年，因市场竞争加剧、医院统一采购、产品供应等多方面问题的爆发，公司业绩急速下滑。

　　"底薪＋提成"模式最大的优势就是使个人业绩与个人回报清晰可算，有利于提高个人进取心。不管是哪种形式的提成，万变不离其宗，核心是在员工销售业绩（销售额或销售利润）的基础上提点作为工资的一部分。"底薪＋提成"这种方式融合了绩效考核的思维，但它是最简单最容易操作的绩效考核方式，考核指标是单一的销售业绩。对于大多数实行"底薪＋提成"

模式的企业，提成的制度设计降低了企业对管理的要求。当企业管理水平较低时，这种单一结果导向的绩效考核方式不但能快速达成好的销售业绩，还能减少管理成本，短期内的确可以激励员工冲刺业绩，所以有大量企业使用也就不足为奇。可是当企业规模扩张、对管理水平的要求提升时，"底薪＋提成"模式的弊端就显现出来，新东方就是明证。

1.2.1　血泪教训——为什么说提成是"毒奶"

俞敏洪在接受采访时说："过去几年我差点带领新东方走上了一条歪门邪道。新东方上市以后，内部员工和外部股东都希望能尽快拉升股价，所以我采用销售提成制度，不顾一切地追求高收入和高利润，但是忽略了教学质量、讲师培训和产品设计等需要较长时间才能产出业绩的工作，因此失去了顾客的信赖。去年我所做的事情就是把所有关于收入和利润的考核指标统统取消，转为主要考核教学质量、讲师水准和顾客满意度。"

有了"尚方宝剑"，人事总监最后废除了销售提成制度，新东方反而取得了历史最好的业绩。

笔者在为双良集团提供咨询服务时也曾遇到这一问题。双良集团的销售业绩近年来都挺好，销售额每年都有增长。但是"光鲜"的销售额背后存在不少问题：其一，集团新增客户极少，且大多由销售公司的老总开发。其二，销售人员全都是散兵游勇、独自作战，没有团队之说。新员工待不长，最后留下的大多是"元老功臣"。其三，集团多次试图在销售公司开展队伍建设，但带头人无论是出自嫡系的"地面部队"还是外部的"空降兵"，最后都铩羽而归。

这些问题引发的后果是：明明每年新增销售额很多，但双良集团的市场份额在缩小；销售人员独自作战，新员工难以"存活"，销售队伍迟迟无法补充新鲜血液；销售团队搭建不起来，销售人员的增加无法带来华为的"狼群"效应。以上分析表明，双良集团的销售体系存在明显的短板。

罪魁祸首是双良集团一直以来对于销售人员使用的"底薪＋提成"模式。笔者通过走访西安和郑州的区域经理和销售人员，获取了员工给"底薪＋提成"模式定下的"三宗罪"：

第一，难以留住新员工。面向新客户的销售成单周期很长，除了销售人员参与之外，还需要服务公司以及职能部门的支持与配合。新员工在短期之内熟悉了解产品并开单很难，难以快速开发新客户。短期业绩不达标，没有提成，新员工自然就会离开。

第二，老员工高枕无忧。双良集团产品的转换成本较高，导致客户忠诚度较高。所以对资历老的销售人员来说，只要维护好老客户，就无须为业绩犯愁，每年不费吹灰之力就能拿到稳定提成。这样还有什么动力去发展新客户？

第三，不利于形成良好的团队氛围。提成基于个人销售成果，团队合作被忽视。团队成员担心被抢客户或者被"偷师"，不愿意互相帮助，更遑论培养新人了。成员之间互相排挤，搞得团队乌烟瘴气，致使新员工生存环境恶劣，老员工没有心思拓展新客户。

于是，老员工躺平在舒适区，维持了高收入，而新员工因为客户开发难度大、周期长，往往收入低、难以存活。销售人员把客户变成个人资产，只做与提成相关的事情，甚至唯利是图。销售团队管理者拿不出甜头，安抚不了军心，便丧失了指挥权。就像经营一个果园，要想效益好，往往需要分工，有人种树，有人除草，有人施肥，有人摘果。但如果把所有激励资源都导向摘果，就没有人去种树、除草、施肥，产量自然上不去。一旦团队管理者透露出改革的意思，为保护自己的"蛋糕"不被动，员工们甚至可能联合反抗。管理者骑虎难下，改革的计划也就"胎死腹中"。

如果不用"底薪 + 提成"模式行吗？也不行！因为实际上跟客户直接沟通的是销售人员。区域经理要避免因销售人员离职导致的客户流失，毕竟企业业绩仰仗销售人员，而提成是稳住军心的法宝。结果是区域经理被"绑架"，但是毫无办法。

1.2.2　导航错误——海底捞的巨额亏损缘何而起

火锅界的"网红"——海底捞 2021 年亏损 38 亿～ 45 亿元，关闭 300 余家门店，创始人张勇因此卸任 CEO 并道歉，承认海底捞在疫情期间逆势扩张，盲目开店，导致巨额亏损。2020 年 6 月，张勇认为"黑天鹅"将在 2020 年 9 月飞走，于是决定逆势扩张。到 2021 年上半年，海底捞门店数量达 1 597家，多数开在三线及以下城市。

张勇后来在股东大会上承认，"现在来看确实属于盲目自信，当意识到问题时已是 2021 年 1 月，公司反应过来已是 3月。"他表示自己对海底捞的战略失误负有相当大的责任，之前做出的开店策略是完全错误的。

海底捞为什么会盲目扩张?

表面上看，这与公司上市、张勇管理失误等有一定关系。2018 年，海底捞上市，张勇的身价飙升至 600 亿元。2019 年，张勇一度成为新加坡首富。上市在带来财富快速增长的同时，也让公司发展节奏"身不由己"。为了尽快回报投资者、保持业绩持续增长，规模扩张成为海底捞"没得选"的选择。与此同时，张勇本人对门店的管理投入在下降，忽视了一些很严重的问题。以前门店少时他会亲自管理，对每个店的问题和管理岗位都了如指掌，但后来分身乏术。

深挖张勇误判形势的原因，或许是张勇本人头脑发热，但错误的薪酬机制也是成因之一。

海底捞内部采取师徒制，师傅可以拿徒弟、徒孙的提成。海底捞店长的薪酬包括固定薪酬和提成，固定月薪约为 35 000 元，通过培养徒弟店长来提成。店长通过徒弟店长提成的部分，约占徒弟开设门店净利润的 3%，但前提是门店评级为 A 级。算上提成部分，店长月薪能达到 10 万～ 12 万元。

这种薪酬机制在市场上升期是公司扩张很好的助推剂。海底捞上市前，这种薪酬机制起到了很好的作用，店长们在薪酬的驱动下拼命开店，也会培养人才。公司一路扩张直到上市，员工由此形成了一种唯扩张论。但是遇到疫情和市场下滑的"坏天气"，这种薪酬机制就会出问题，"只踩油门，不踩刹车"，海底捞这辆战车就会失控。店长们满脑子开店、开店、开店，管理层由于大多是店长出身，也渴望扩张。身处这种环境，张勇不由得被扩张的冲动裹挟，试图让海底捞逆势飞扬。这辆曾经风驰电掣的战车最终失控熄火。

"底薪＋提成"模式把企业引导到错误的方向，这种情况非常普遍。原因是在这一模式下，员工受提成驱动，很容易盲目狂飙，错过转向，也来不及刹车，导致公司直接冲进泥坑。管理者不得不提高警惕，握好方向盘。

1.3　传统薪酬模式的困局

不少企业认识到传统"工资＋奖金""底薪＋提成"模式的弊端，决定将薪酬模式升级为面向团队的奖金包模式，即将团队作为一个整体考虑，采用与团队的组织绩效挂钩的奖金包，具体如下。

（1）基数模式奖金包。

$$总奖金包＝人数 × 奖金基数 × 组织绩效系数$$

（2）提成模式奖金包。不与人数挂钩，而是与收入、利润等关键财务指标挂钩，测算出各指标相应的权重，再和组织绩效挂钩。

$$奖金包＝（收入 × A\%＋利润 × B\%）× 组织绩效系数$$

实践中，还有更加精密、复杂的提成模式，比如增加挂钩的指标（收入、利润、回款等）、增加权重（每个指标设置相应的权重，以体现战略重点）、分段提成（底线目标之下无提成，底线目标到基本目标线性正常提成，基本目标到超额目标加速提成，上不封顶）。但无论如何，核心思想还是提成。

以上两种奖金包模式依然漏洞百出，除了承袭"工资＋奖金""底薪＋提成"模式的一些问题外，还产生了如下新问题。

1.3.1 基数模式奖金包的问题——人效失控

基数模式奖金包的计算公式里有三个变量：人数、奖金基数、组织绩效系数，这就决定了它是一种"数人头"的保守奖金模式。

第一，人数是实际在职人数，业务部门不但没有精简人员的意愿（皆因不需要减员增效），反而还会大肆加人，因为人越多奖金就越多。

第二，奖金基数越高，奖金包就越大，因此用人部门会倾向于给员工定高薪，而不会主动控制用工成本，导致薪酬压力加大。

第三，组织绩效系数是一个综合得分，财务指标可能只占较小的权重，这就可能出现两种情况：一是部门在完不成财务指标的情况下，会转向提高其他指标，在没达成关键财务指标的情况下也得到较高的组织绩效系数。二是部门完成了财务指标，但是其他指标达成情况不好，在实现了财务业绩大幅增长的情况下，只得到较小的组织绩效系数，导致奖金增长较少。

于是，奖金和财务业绩出现不匹配，和心理预期不符。

相比之下，第一个问题最严重，因为部门奖金包是由员工奖金包汇总形成的，人数越多，部门奖金包就越大，致使各部门大力扩充队伍，在"人多势众"的心理下，各部门编制会因此失控，产生一系列严重问题。

基数模式奖金包不稳定，一般采用一两年后就会爆发严重问题，公司不得不另寻他法。

1.3.2　提成模式奖金包的问题——成本失控

提成模式奖金包的计算公式涉及挂钩指标和组织绩效系数，实现了与最终效益的挂钩，并与人数脱钩，算得上是一大进步。但它归根结底还是一种提成，会沿袭提成的一些缺点，并产生新的问题。

第一，成本失控。这是所有提成模式都可能遇到的问题，尽管公司事先经过严密计算，但依然做不到料事如神，市场突然上行、政策利好等因素，都会导致成本失控。

第二，挑肥拣瘦。这也是提成模式的共性问题。团队会集中精力关注与奖金包挂钩的指标，例如抢着去卖有利可图的产品，对无利可图的战略性新产品无动于衷；抢着去做市场形势好的肥沃区域，战略性的"盐碱地"无人问津。即使加上了组织绩效系数这个相对全面系统的因素，团队也会"挑肥拣瘦"，并且组织绩效系数还会带来激烈的绩效目标 PK 问题。

第三，失之偏颇。再怎么设计，奖金包也不是整体薪酬。在其上倾注过多心血，有可能顾此失彼，疏于管理整体薪酬。

相对而言，提成模式的问题较小，整体可控，华为就使用了十几年。但是，随着华为的管理水平达到一个新高度，组织进化为一个新形态，提成模式的问题越来越大，因此被华为逐渐抛弃了。

1.3.3　奖金设计严重内卷

由于上述模式各有问题，需要持续改进，众多企业开始了奖金设计的内卷大赛，不断设计更加精密、更加完善的奖金方案，华为是其中的翘楚。下面简单介绍华为设计的两个奖金方案。

方案一：2003 年华为某产品线奖金包设计方案

产品线奖金包的确定：

$$产品线奖金 = 产品线基础奖金 + 产品线贡献奖金$$

$$产品线基础奖金 = \frac{公司}{净利} \times BPL \times \frac{产品线}{平均人员} \times \frac{KPI}{完成系数}$$

$$产品线贡献奖金 = 产品线贡献毛利 \times APL$$

$$= (产品线销售收入$$

$$- 产品线制造成本$$

$$- 产品线期间成本$$

$$- 产品线直接用服费用$$

$$- 产品线直接研发费用$$

$$- 产品线直接营销与行销费用$$

$$- 产品线管理费用$$

$$- 产品线非正常损失) \times APL$$

其中，产品线平均人员为产品线全年各月月末直接为产品线服务人数的平均值；产品线平均人员比重为某产品线平均人员占全部产品线平均人员的比重；BPL 为产品线与公司营业净利润挂钩的基础奖金系数；APL 为产品线与贡献毛利挂钩的贡献奖金系数。2003 年采取基础奖金与贡献奖金 5 ：5 的比例，从 2004 年起，采用基础奖金与贡献奖金 4 ：6 的比例。

方案二：早期华为地区部奖金包方案

国际营销地区部奖金包的计算公式为：

$$B = ((S_0 \times K_1 + C_0 \times K_2) \times A_0 + (S_1 \times K_1 + C_1 \times K_2)$$

$$\times 1.3A_0) \times M + P \times A_1 \times KPI 系数$$

其中，B 为国际营销地区部奖金总包；S_0 为与上年持平的销售订货额，包括产品订货额和服务订货额；S_1 为比上年增长的销售订货额；C_0 为与上年持平的贡献毛利；C_1 为比上年增长的贡献毛利；P 为超过期间费用分摊额的净贡献毛利，称为贡献利润；A_0 为与上年持平部分的奖金挂钩系数，比上年增长部分的奖金挂钩系数是其 1.3 倍；A_1 为 αA_0，其中 α 根据实际测算结果确定；M 为回款目标完成系数，根据国际营销地区部年度个人绩效承诺中的回款目标值计算；K_1 为销售订货额权重；K_2 为贡献毛利权重，$K_1+K_2=1$；KPI 系数为国际营销地区部 KPI 完成系数。

上述两个方案是约 20 年前的方案，其设计之精密，很多企业迄今难以企及。华为地区部奖金包方案具有以下优点：一是以团队为对象设计奖金包，克服了个人主义的弊端；二是导向明确，与订货额、贡献毛利、贡献利润等挂钩，采用提成模式，极大地激励了价值创造；三是科学精密，与多因素而非单因素挂钩，确保过程和结果公平，并针对不同区间设定不同的系数，具备更强的激励效应。

华为奖金方案的设计，凝聚了 HR、业务管理者、外部顾问乃至任正非本人的很多心血，经过反复推敲，仔细打磨，多方论证才出炉，说这种奖金方案是精密的仪器也不为过。

然而，越是精密的仪器，越娇贵，维护的成本越高。内卷到极致的奖金制，也会"反噬"。

　　首先是设计上的反噬。当一个产品线制定奖金方案后，其他产品线也要跟着制定奖金方案；一个地区部制定了奖金方案，其他地区部也要跟着设计奖金方案；业务部门制定了奖金方案，职能部门也要跟着制定奖金方案；一级部门制定了奖金方案，二级部门也要跟着制定奖金方案……（见图1-4）放眼望去，如华为这样大的体量，要设计多少个奖金方案啊！即使合并同类项，同一类单元都采用同一套方案，每个方案仍需要测算不同的参数，更困难的是协调不同体系、不同层级的奖金方案的衔接和平衡，避免冲突和矛盾。就像叠在一起的精美瓷器，如果不小心动了其中一个，就可能会引起崩塌。

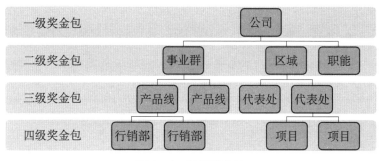

图1-4　四级奖金包

　　其次是运行上的反噬。每到年底，HR 需要收集、计算、确认大量数据，还要一层一层进行平衡调节，工作量之大令人心力交瘁。

　　如果仅仅是技术和工作量的反噬，总有办法化解，真正难搞的是以下三点：

- 整体薪酬没管住。奖金仅仅是薪酬的一部分，在奖金设计上投入过多而疏于管理整体薪酬，得不偿失。实际上，太着眼于奖金，确实会引起薪酬成本失控等问题，公司更应该关注整体薪酬，不能捡了芝麻丢了西瓜。

- 奖金带来管理内耗。奖金设计一般会涉及绩效，确保绩效系数准确，才有利于计算奖金。但要做到准确，何其难也？另外，奖金会助长上下级对绩效目标进行扯皮的风气。因为绩效目标关乎奖金多少，上级想定高，下级想定低，双方各自打着算盘，斗智斗勇。这就对管理提出了极高的要求，否则奖金和绩效可能"两败俱伤"。

- 奖金包要求进一步强化内部结算。因为奖金包分级划分，员工所在团队的利益成为焦点。各方都要求公司财务"亲兄弟明算账"，公司就需要划小经营单元，做好内部结算，于是财务也开始叫苦不迭。

上述问题都是难啃的骨头，奖金设计总是避坑落井，其尽头似乎是一个僵局。

1.3.4　绩效目标 PK 导致内耗加大

奖金与绩效强挂钩会导致的一个最大问题是：各部门跟上

级为了绩效目标讨价还价。目标定低了，奖金唾手可得，员工干劲不足；目标定高了，奖金可能泡汤，员工满腹牢骚。

所以这种 PK 和博弈就成了一种常态，大大增加了管理难度和管理成本。

多方不停周旋，很多老板为此一个头两个大。有的老板苦口婆心，循循善诱，和下属摆事实讲道理；有的老板威风凛凛，一言九鼎，强力压住下属；有的老板严密分析，科学论证，力图驳倒下属。老板不仅本人出马，还得拉上财务部门、运营部门等一众人马，和业务部门进行 PK。但是无论怎样，下属很难乖乖地接受老板定下的目标，总是摆困难，讲条件，要资源，拼命想把目标调低。

但事实上，这种 PK 不仅耗费心力，而且完全没有必要。在目标设定上，很多人存在以下误区：

误区一，认为绩效目标能够合理科学地设置。实际上很难实现绩效目标合理科学。华为每年设定业绩 25% 的增长率，但是基本不以目标的实现程度分配奖金。目标通常实现不了，但这不影响奖金的分配，因此推进下去阻力较小。

误区二，认为员工知道达成绩效目标的正确方法。这其实是最大的误区，绝大多数情况下，员工为达成目标是会走不少弯路的。

误区三，认为员工只要努力就能提升业绩。这也是误区！员工作为被激励的对象，如果没有相应的支持，目标的激励效果就会存疑。管理者需要考虑通过股权激励的安排，提升整个企业对员工的支持，通俗地讲就是企业赋能。

华为没有绩效目标 PK 问题，是因为其在机制上采用更加巧妙的设计。很多老板如果得知了窍门，恐怕会吐血三升：原来我长久以来的这番心血，终究是错付了！早知如此，应该早早取经。

1.4　传统薪酬模式的共性问题

分析了传统薪酬模式的具体问题之后，我们从更广阔的角度总结传统薪酬模式所具有的一些共性问题，它们或与战略有关，或受思维局限，导致薪酬设计无法实现最初的计划。

1.4.1　薪酬设计与战略、业务冲突

某公司决定开展一块新业务，可是从开展之初就受到了薪酬制度的困扰。公司的薪酬制度早就明确了"以岗定级、以级定薪、人岗匹配、易岗易薪"。所有岗位都要经过岗位价值评

估，确定薪级之后才能定薪。可是新业务初期的岗位价值较低，导致负责人的第一人选不愿意降薪调岗，委曲求全。公司只好退而求其次，选择了原本薪酬比较低的一位员工去担任负责人。

这位负责人在组建团队的过程中，同样受到了岗位价值评估的束缚，被迫选择了薪酬更低的下属。这样将就组成的团队，先天能力就不足，且在公司内部造成了一种偏见，好像他们都是因为水平较差而被"发配"去做新业务的，团队由此感到被歧视，士气低迷。

在业务开展过程中，团队也感受到了来自现有薪酬制度的诸多掣肘，例如薪酬普遍被压低，难以招到理想的人才；团队被要求尽快实现盈利，为此不得不加快商业化的节奏，结果步子迈得有点大，基础打得不扎实。

到了年底，团队本以为苦干一年，总归有些回报，可是没想到根据公司的薪酬制度，新业务虽有收入但盈利为负，因此奖金分文没有。受此打击，整个团队人心涣散，失去了拼搏的心气。不久，负责人就带着骨干跳槽，整个新业务彻底垮掉了。

从上面这个例子可以看出，薪酬制度设计不好，会对新业务造成巨大的负面影响。不能根据业务的发展阶段和特点匹配针对性的薪酬制度，薪酬就会从动力变成阻力，反过来扼杀新业务。薪酬制度和战略相悖的情况比比皆是，前者必须上升到战略视角，从战略出发进行调适，做到战略性薪酬管理。

但是，战略本身高度动态化，受到多种因素影响而随时调整，因此不同的竞争战略要及时匹配相应的薪酬制度（见表1-3）。而薪酬又有比较强的惯性和刚性，其导向有很强的隐蔽性，导致难以及时敏捷地随着战略进行调整，特别是对于拥有多元化业务的集团，其不同的业务需要采取不同的薪酬制度，这就使得薪酬制度经常与战略和业务不匹配，甚至产生冲突和矛盾。

表 1-3　薪酬战略匹配

企业竞争战略	人力资源管理战略	薪酬管理战略
创新战略： 提高产品的复杂性，缩短产品生产周期	使用头脑灵活、有冒险精神、富有创新意识的人	奖励产品创新和生产过程的改革，薪酬以市场为基础，岗位薪酬基于灵活的工作描述
成本领先战略： 控制成本，注重效率	少用人，多办事	重视与竞争对手的薪酬比较，提高可变薪酬，重视生产力（绩效），重视系统控制和工作分工（绩效）
顾客中心战略： 关注顾客，提高顾客期望	用能取悦顾客、超过顾客期望的人	以顾客满意度为基础的激励薪酬，工作和技能评价、工作和技能薪酬以与顾客的交往为依据

1.4.2　只见树木不见森林

传统薪酬模式只从个体视角设计，没从部门、公司等整体视角考虑。

传统薪酬模式是以个体为基础、面向个体设计的，整个模式都建构在个体层面上，是自下而上的管理思路。传统薪酬模式认为：薪酬是发给个体的，是劳动力市场交易；个体层面薪酬管好了，整体薪酬就管好了。因此，在传统薪酬模式的概念里，整体薪酬就是个体薪酬的加总，没有独立存在的意义。

但这种单一的个体视角越来越受到质疑，就像绩效管理一开始也只有个体视角，不足显现之后逐渐加入企业视角。系统论认为：整体大于部分之和。薪酬体系也适用，单有个体薪酬不足以形成完整的薪酬体系，在其之上还有部门薪酬、公司薪酬等组织薪酬，它们之间相互联系，但又彼此独立，如此才构成完整的薪酬体系。这一点，已被华为等领先公司验证。

华为在多年的薪酬管理实践中，逐渐从个体视角上升到整体视角，但是这种认识不是一蹴而就的，而是在实践中不断调整改变才逐渐认清的，没有部门、组织层面的薪酬包，薪酬制度就是有缺失的。没有各个层级的薪酬包，管理就无法实现闭环，在最终价值分配时无法形成连贯的逻辑。有了薪酬包，才有了整体视角，薪酬管理才能更上一层楼。

华为很早就认识到，虽然薪酬最终是以个体为单位发放的，但是个体是在团队中发挥价值的，只有将个体薪酬与团队整体绩效挂钩，才可能准确衡量个体的贡献。华为最初先设置了奖金包，后来发现奖金包比较片面，逐渐扩大到整体薪酬，形成了薪酬包这一更加整体的概念。有了薪酬包之后，华为薪酬管理进入了更高阶段，薪酬管理水平突飞猛进，成为业界标杆。

1.4.3 薪酬管控徒劳无功

广联达科技股份有限公司董事长刁志中曾经提到，公司的一个业务团队在改制之前有 17 个人，却还是觉得人手不够；改制之后，只剩 7 个人却还嫌多。原来，广联达采取了创投跟投的合伙模式，团队拥有 30% 左右的股权，员工摇身变为股东，自然干劲十足。

在传统薪酬模式下，为什么压缩编制和成本效果颇微呢？归根结底是其利益驱动机制有问题。传统薪酬模式着眼于个体，先制定个体的薪酬标准，然后与个体绩效挂钩。然而，个体薪酬标准从何而来？传统薪酬模式语焉不详，只从岗位价值、绩效、能力和市场方面笼统回答，并未与最终的价值创造挂钩；个体绩效和整体绩效（最终价值创造）有什么关系？传统薪酬模式无法回答，因为它只在个体薪酬的层面兜兜转转，体系逻辑决定了它无法回答个体对组织有什么贡献和有多大贡献等问题。

按照传统薪酬模式的逻辑，首先制定个体薪酬标准，薪酬预期比较明确，相当于利益是基本固定的（变动不大），因为通常要保证 70% 以上的员工达到预期要求。利益基本固定的情况下，个人理性的选择是：付出越少就越划算，并且希望扩充人数，结果是为了个体利益而牺牲了整体利益。因此，想依靠外力来改变这种状况，基本是徒劳无功的。靠 HR 压缩编制、苦口婆心做思想工作、企业文化引领、评优评先牵引等手段，大多不会见效。至今一些企业仍在薪酬管理上枉费心机。

1.4.4　过于关注成本而缺少投资思维

字节跳动创始人张一鸣说过，公司竞争的核心是投资回报率（ROI）水平，而不是成本水平。几乎没有哪家行业领头公司是通过控制人力成本实现领先的，公司应该有好的 ROI，而这需要通过让员工收获好的 ROI 来实现。

例如，德国的人工成本很高，但是德国经济仍然是欧洲经济的火车头。核心原因是，德国通过合理配置优秀人才，获得了更好的回报。所以，竞争的关键不是成本，而是回报和产出。

张一鸣提出"pay top of the market"，即要求人力资源部门至少每年对企业薪酬做一次定位，保持业内领先水平。较高的人力成本要求公司必须合理配置人员，并让员工保持进取心。

薪酬最高时，成本最低。这句话听起来违反常理，实则隐含深意。许多 HR 在薪资谈判时的本能反应是压低工资，在制定人力预算时也习惯性地压缩工资和编制。究其原因，是 HR 没有考虑员工创造的价值回报。既然无法控制产出、衡量贡献，那么只好控制成本、减小风险，HR 自然而然形成了保守的职能思维。

要打破这种思维，需要把定薪的权力交给最了解员工价值的人，也就是用人部门。用人部门更清楚员工能创造多大价值，他们站在产出端，看到的是收益，因此可能给付更高的薪酬。HR 通常站在成本端，看到的是成本和风险，因此会本能地压低薪酬。

1.4.5　薪酬管理权责经常错配

很多公司的薪酬管理权限收拢在 HR 手中，用人部门没有权限或权限很小。这常常导致薪酬管理的权责并不匹配。

用人部门应该拥有对员工定薪调薪的权限，否则谈何调动其积极性？很多公司也给部门经理配置了薪酬管理权限，但通常只是建议权，HR 仍占主导地位，会介入予以规范。薪酬管理最终还是要 HR 点头，部门经理的权限往往沦为虚设。这种配置基于不信任以及职能的思维惯性。

但是，在用人过程中，部门经理经常需要使用薪酬这一工具调兵遣将。这一权责错配影响了部门经理的指挥权。他们的承诺往往被 HR 驳回，导致员工认为部门经理出尔反尔，言而无信。

薪酬管理权限到底该如何配置？华为的做法值得参考，因为华为薪酬管理权限的设置基于信任，目的是简化管理，大幅授予薪酬管理权限，让用人部门自我管理，自我约束，自我激励。华为将计划、预算（包含薪酬预算）的权力，都授予一级部门（各事业群、人力资源等职能部门），划定薪酬包，允许一级部门在薪酬包的范围内自主管理。日常的定薪调薪、过程奖、项目奖、提前发年终奖等事务，都由一级部门自行决策，一级部门有了很大的自由度。例如余承东可以提前给用户界面团队发放 200 万元奖金，自行设计奖金名目，甚至产品线总裁、代表也可以在自己部门的薪酬包范围内提前发奖金。这样，部门经理真正拥有了薪酬管理的权限，排兵布阵更加得心应手，而不会被传统薪酬模式束手束脚。

达成目标不仅仅在于合理授权，提升薪酬体系的整体水平才是根本。这就要从个体视角升维到集体视角，从事后管理升级到事前管理。

1.5　传统薪酬模式失效的原因

传统薪酬模式存在颇多具体的表象问题，但深究起来可以很清晰地发现，这种模式在底层逻辑、顶层架构和管理机制方面都存在一些深层次的问题，这些才是其失效的根本原因。

1.5.1　底层逻辑不合理

从传统薪酬模式的底层逻辑来看，导致系统失效的原因主要有以下三点。

1. 基于个体逻辑，缺少系统逻辑

图1-5展示了传统薪酬模式的设计流程，可以看出，无论是岗位价值评估，还是外部薪酬竞争分析，其对象都是个体。要分析单个岗位的价值，在市场中处于什么水平，然后确定薪酬策略（水平和结构），之后将所有岗位薪酬汇总形成薪点表。看似是整体角度，但最后定薪套改还是回到了个体逻辑，落到具体的岗位上。

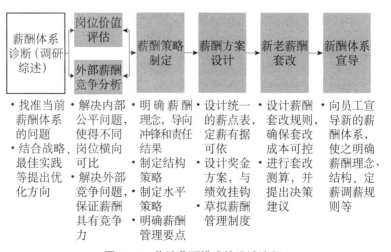

图1-5　传统薪酬模式的设计流程

个体逻辑只关注个体，认识不到整体，从而对薪酬体系产生认知偏差。个体逻辑下的部门奖金包、公司奖金包等往往是个体奖金的加总，依附于个体奖金，并非独立存在。

如果一个系统只有个体逻辑，这个系统就是不完整的，就像用沙子堆出来的城堡，一点都不牢固。

2. 与最终效益的关联逻辑不通

个体薪酬和组织最终效益无法建立直接联系，个体无法明确自己在组织最终效益中的贡献情况，HR 也解释不清楚。因此，个体薪酬无法直接和组织最终效益建立起清晰的联系。但是，个体薪酬如果与组织最终效益无关，则无法证明自身的合理性。不和组织最终效益挂钩的薪酬是失控的，这体现了刚性成本思维，而非与效益动态挂钩的投资思维（见图 1 - 6）。

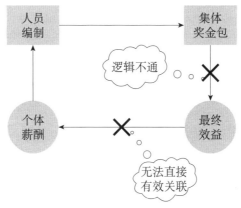

图 1 - 6　传统薪酬模式与最终效益的关联逻辑

传统薪酬模式企图通过和企业效益挂钩的集体奖金包来弥补逻辑缺陷，但只是徒劳。因为集体奖金包是个体的加总，没有独立存在的意义，并不能代表整体薪酬。

3.站在成本端，难以打开格局

传统薪酬模式把薪酬视为成本而不是投资，难以打开管理格局。

HR大多关注控制人工成本和薪酬费用，不会形成薪酬投资的概念，人力资本最终也只是落到成本上。这与HR的职能思维分不开，因为他们无法预测人的产出，只好在成本上做文章，导致薪酬管理视野狭隘，一味追求降低成本，而不是激发价值创造。

个体层面的薪酬管理与项目层面的成本管理有很多相似之处，透露出传统薪酬模式的成本思维（见图1-7）。

图1-7 个体薪酬管理与项目薪酬管理

企业管理者开始认识到这种逻辑的局限性，他们从整体层面和业务层面出发，看待薪酬的视角和HR完全不同。他们把人才看作资源，支付薪酬就是在投资，优质的资源能创造更高的回报。乔布斯说过，1个优秀的工程师抵得上50个一般的工程师。人才管理不能按照成本逻辑来，而是要和价值创造挂钩，这就上升到了投资层面。用投资思维来管理薪酬，才能打开格局，为企业谋求更广阔的发展空间。

1.5.2 顶层架构有问题

在顶层架构方面，传统薪酬模式运行不畅，有以下三个原因。

1. 和公司战略、经营的关联性较弱

传统薪酬模式基于个体设计，和公司战略、经营的关联性较弱。具体来说，传统薪酬模式设计时采用 3P1M 模型（见图 1-8），职位、绩效、员工（3P）都指向个体，市场（1M）也是将个体薪酬水平和市场平均水平进行比较，由此选择合适的薪酬定位。其中基本看不到薪酬和公司战略、经营的联系。

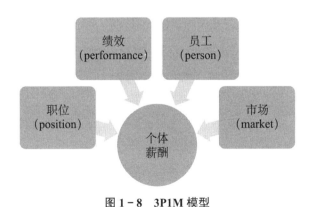

图 1-8　3P1M 模型

意识到这个问题后，有些公司结合公司经营战略制定薪酬

战略，对个体薪酬进行宏观指导（见表1-4）。

表1-4　公司经营战略与薪酬战略

公司经营战略	薪酬战略
谨慎型：倾向于内部成长，采用相关多元化战略和防御型竞争方式 企业特征：公司基本在总部的领导下发展，部门独立性相对较弱；新业务和现有业务存在一定的联系；注重团队合作	薪酬标准：岗位、资历、公司绩效、团队绩效、定性指标，基础薪酬高于市场标准 薪酬结构：固定薪酬、短期激励、经济激励 薪酬管理：集权、员工低度参与、内部公平、薪酬制度偏刚性 实行谨慎型经营战略的企业适合采用机械式薪酬战略
激进型：倾向于外部成长，采用非相关多元化战略和进攻型竞争方式 企业特征：文化差异大，员工难以管理；业务之间关系不密切，界限比较明确，部门绩效较易衡量；员工自我意识较强	薪酬标准：技能、个体绩效、部门绩效、定量指标 薪酬结构：高变动薪酬、长期激励、非经济激励 薪酬管理：分权、员工高度参与、宽带薪酬、公开支付、薪酬制度偏弹性 实行激进型经营战略的企业适合采用有机式薪酬战略
混合型：上述二者的中间型	机械式薪酬战略和有机式薪酬战略的结合

然而，上述薪酬战略更多的是一种总体方针，用于指导企业采用相应的薪酬结构、薪酬标准等，没有具体的操作方法。企业薪酬和公司战略、经营的关联，即便涉及个体绩效、组织绩效考核的影响，也因为考核的准确性、效果传递衰减等因素，员工自身感受并不是很强。久而久之，员工对公司的战略、经营会产生疏离感，认为自己的薪酬和公司经营状况并没有多大

关系，从而置身事外。基于个体逻辑的传统薪酬模式弱化了个体绩效同公司战略、经营的联系，亟待改进。

2. 缺少部门、公司层面的薪酬包

前面提到，传统薪酬模式只有个体层面的薪酬包，缺少部门、组织层面的薪酬包（见图1-9）。没有组织薪酬包，企业绩效就容易落空。在传统薪酬模式下，很多公司没有意识到企业绩效的必要性，只考虑个体层面的绩效，这导致了很多问题。少部分公司认识到企业绩效的必要性，并设计了相关机制，设计方案参考表1-5，但是发现实施效果并不太好。

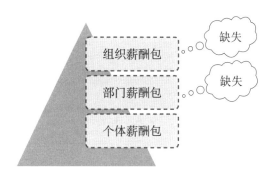

图1-9 传统薪酬模式部门、组织层面薪酬包的缺失

表1-5 个体绩效与组织绩效

		个体绩效				
		S	A	B	C	D
组织绩效	S	25%	35%	40%	0%	不强制控制比例，按实际考核得分计算
	A	20%	30%	45%	5%	

续表

		个体绩效				
		S	A	B	C	D
组织绩效	B	10%	25%	55%	10%	不强制控制比例，按实际考核得分计算
	C	5%	20%	60%	15%	
	D	0%	15%	65%	20%	

在表 1-5 中，虽然组织绩效等级越高，个体绩效为 S 级的比例越高，但是直接联系被削弱了，相比与组织绩效直接挂钩生成奖金包或者薪酬包的机制，效果相去甚远。试想，如果采用以下直接挂钩的方式，员工感受到的挂钩会有多强烈？激励效应会有多大？

$$组织薪酬包 = 薪酬包基数 \times 考核系数$$

或是

$$组织薪酬包 = 收入 \times A\% + 利润 \times B\%$$

理论上，企业效益越好，个体分钱越多；企业效益越差，个体分钱越少甚至分不到。但在缺少组织薪酬包的情况下，个体薪酬无法和企业效益产生有效的关联。个体看不到自身努力对组织整体绩效的影响。在个体逻辑下，没有人说得清个体对组织的贡献到底有多大。因此，需要建立个体绩效和组织薪酬包的联系（见图 1-10）。

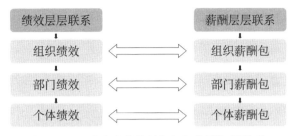

图 1-10 建立个体绩效与组织薪酬包的联系

补全组织薪酬包后，组织效益和个体薪酬就能顺畅无阻地建立联系，组织薪酬包随着企业绩效变化，员工能清晰直观地感受到。

3. 侧重管控，而非授权赋能

这一点似乎不言自明，传统薪酬模式下管理权限基本都在HR手里，因为薪酬体系是由人力资源部门设计的，而且薪酬比较敏感，更强调规范性，需要集中管理、防范风险。但是集中管理与业务的分布化态势、部门经理的用人权限相悖，人力资源部门不得不划出一部分薪酬管理权力。即便如此，部门经理的薪酬管理权力也很有限。

这种传统管理方式和业务部门的诉求是不匹配的，因为权责错配，HR的管控阻碍了部门经理的作战指挥权，经常引发矛盾冲突。人力资源管理领域第一大师戴维·尤里奇（Dave Ulich）曾提出一个著名的问题：谁应该为公司的人力资源管理工作负责？是各部门管理者？是人力资源从业者？还是各部门管理者和人力资源从业者共同？

尤里奇坚定地回答：是各部门管理者。然而，很多 HR 误认为自己才是薪酬管理的最终负责人，将所有权力紧紧地抓在手中，殊不知这违反了人力资源管理的原则。用人部门要用人，就应该拥有对人才负责的完整权力。如果部门经理连薪酬都说了不算，怎么拥有完整的权力呢？没有薪酬管理权，部门经理就做不到恩威并施，无法调动员工的积极性，甚至无法指挥，何谈管理？

但 HR 也不敢轻易授权，最重要的原因是担心薪酬工具被滥用，出现以权谋私的现象。这种顾虑是由落后的设计逻辑和管理水平导致的，并非无药可治。华为把薪酬管理权力，甚至计划、预算的权力放开，这种大胆做法背后的规划和设计值得深思。

1.5.3　管理机制不配套

传统薪酬模式在底层逻辑和顶层架构上存在种种不足，管理机制方面也呈现以下问题。

1. 在个体层面过早闭环，停留在低水平

基于个体的传统薪酬模式，也有生成、评价和分配的管理闭环（见图 1-11），也能在个体层面实现逻辑自洽。在生成环

节，个体薪酬基于 3P1M 模型和劳动力市场的谈判。抛开与组织整体效益的联系，单从个体层面看，这个逻辑是成立的，也是劳动经济学一直倡导的。然而，如果把这个逻辑置于组织整体效益的背景下，就会发现它有很多漏洞：个体薪酬到底从何而来？不考虑组织效益，而只考虑个体交易，是否公平？如果组织效益很好，却仍然按照事先约定的薪酬水平交易，对于个体是否公平？如果组织效益很差，也仍然要按照事先约定的薪酬水平交易，对于组织是否公平？传统薪酬模式无法很好地给出回答。

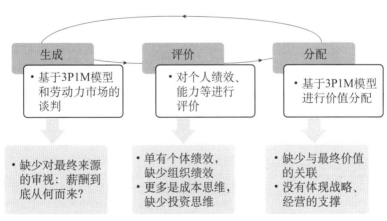

图 1-11　生成、评价和分配的管理闭环

同理，在评价和分配环节也存在问题。例如，只有个体绩效的评价，结果是否完全准确？能否衡量出个体对组织的贡献？这些问题很难通过绩效管理解决，通常引致一大堆抱怨和

投诉。

所以，视角和格局开拓后，才能发现更多逻辑上不合理之处，才会需要升级机制来解决问题。

2. 仅有自下而上的视角，缺少自上而下、上下结合的视角

传统薪酬模式自下而上，从底层的个体薪酬出发，希望以此管好整体薪酬，这种愿望注定会落空。

优秀的机制不会只有一个视角，因为反馈通常是一个回路，有自下而上，还要有自上而下，然后上下结合形成良好的管理闭环（见图 1 - 12）。有了闭环才能够循环，能够循环才能够逐渐更替和升级。

图 1 - 12　薪酬管理闭环

传统薪酬模式的自下而上视角基于个体薪酬包进行加总，生成部门薪酬包、组织薪酬包。这种模式没有独立性，因此也就没有意义。

理想的模式是组织薪酬包、部门薪酬包各自按照独立的逻辑生成，形成自上而下的视角，和个体薪酬包相互联系、相互影响、相互校正。各个层级的薪酬包不能单独决定薪酬系统，需要互相协同，形成平衡，上下结合，维持系统平衡、稳定地发展。

3. 多由 HR 设计，缺少整体视角

薪酬制度由于相对敏感和专业要求高，通常由 HR 主导设计或者聘请咨询公司设计，管理者和业务部门参与相对较少，导致整体视角和业务成色不足。一般老板都是坐等验收 HR 设计的薪酬制度，少有人在分钱上投入巨大精力，这就导致薪酬制度成为部门化"立法"，缺少系统思考和整体思维。

管理者是最应该深度参与，甚至主导薪酬设计的人，因为管理者和 HR 的视角存在以下重要差异。

首先，管理者具有整体视角，习惯从上往下看，首先关注公司薪酬大总包，总包之下是一个个部门包，部门包之下再分切到个体。有和经营挂钩的薪酬包，才有利于管理。而 HR 自然是个体视角，习惯从下往上看，以个体为对象来设计薪酬，评估个体的岗位价值，和外部市场比较，从而确定合理的薪酬水平和结构，再和绩效考核等挂钩，形成薪酬管理机制。

个体简单加总的逻辑是不成立的，整体并不等于个体之和，

个体管理和总体管理的逻辑也不相同，二者在生成、评价、分配、管控等方面差异很大。如果薪酬包被动地跟随个体薪酬变化，就没有独立存在的价值。

其次，管理者是经营思维，而 HR 是职能思维。管理者把支付薪酬看作交易：公司给员工支付薪酬，员工是要为公司赚钱的，赚得多分得多，赚得少分得少甚至没的分。因此，薪酬要和利润对应，工资对应保底目标，奖金对应增量目标，长期激励对应未来总价值。

薪酬设计要符合管理者思维，例如华为的获取分享制。而 HR 在设计薪酬制度时面临几个问题：一是经营意识和魄力不够强，职能人士多少有点保守；二是站在个体视角，要平衡员工利益；三是挂钩的绩效等机制经常失灵，所以薪酬设计难以做到与组织效益有强关联性。假如管理者提出薪酬包下不保底、上不封顶，HR 由于职能保守思维，往往会主动加上一些保底封顶的保险阀来减少风险，从而弱化激励效应。

再次，管理者具有闭环思维，要求形成"产生—运行—结果"的完整闭环，并持续优化。以薪酬包为例，管理者要求生成、评价、分配的全过程形成闭环，每个环节有清晰可靠的逻辑，例如薪酬包生成的依据是什么，数额是否合理，能否循环迭代进化。而 HR 设计薪酬时局限在个体层面小闭环，没有扩大到薪酬包大闭环。并且在每个环节，HR 由于职能视野局限性，不能深刻理解生成、分配等内在逻辑，从而无法深入，难以设计好奖金。

最后，管理者希望薪酬制度有灵活性，而 HR 普遍强调规范性。管理者想要奖金随时发，HR 则希望年终奖定时发。这个问题可以通过设计一个奖金包来解决，权力交给管理者，只要奖金包里有余额，随时都能分钱。但要实现这样的设计，HR 必须打破思维定式，提升薪酬设计能力。

综上所述，好的薪酬设计离不开管理者的深度参与，甚至是主导。而在目前的薪酬管理中，这是个无解的难题。分钱的重点不只是分，还得要分得好，所以才有人不明白为啥分钱还不乐意。

第二章

薪酬治理：分钱要有目的

随着全球化市场竞争加剧，我国产业结构调整和转型升级，人力资源管理发生了巨大变化，传统薪酬模式的弊端渐显。多花钱就可以吸引、激励、留住员工吗？管理者究竟应采取何种薪酬模式来实现企业目标？各大企业根据外部市场和内部环境不断探索和尝试，以期更大程度实现企业和员工共赢。

2.1　运营管理、价值链管理与薪酬治理

处在加速变化的时代，企业要提升运营管理、价值链管理的水平。薪酬体系也要适应这种要求，从管理走向治理。

2.1.1　运营管理与价值链管理

1. 运营管理

运营管理是指把各种资源转化为产品和服务的过程，其重要性不言而喻。

制造型企业生产物质产品，在这类企业中，运营管理就是

原材料转化为看得见的物质产品的过程；而服务型企业生产以服务为形式的非物质产品，运营管理的转化过程不如制造型企业明显。

运营管理对于提升生产率非常重要。生产率是由人力资源变量和运营变量组合而成的，为了提高生产率，管理者必须兼顾人力资源管理和运营。发明品控圈的美国管理学家威廉·戴明（William Deming）声称，提高生产率的原动力是管理者而非工人，仅靠"对人的管理"无法提高生产率。但如果把对人的管理与整个生产系统进行整合，人与运营之间产生互动，生产率有望最大化。

当前，成功的企业都认识到运营管理的重要性，它对企业整体战略的成功实施发挥关键作用。越来越多的企业开始从作为控制工具的价值链角度管理企业运营。

2. 价值链管理

价值链中的价值是指顾客愿意用钱换取的产品或服务中的某一性能、特性、属性等。价值的实现需要将资源转化为终端用户需要或想要的产品和服务，并使他们能够自由获取。价值链正是通过对信息进行有序管理等一系列活动以实现价值的过程。价值链管理既关注流入的原材料，也关注输出的产品和服务，以提高效果而不仅仅是生产率为导向，为顾客创造最大化的价值。

在价值链管理中，顾客决定了企业需要创造什么价值，如何创造这些价值，以及怎样提供这些价值。因而，价值链管理的目的是建立一种价值链战略，满足甚至超越顾客的需求和预期，并且充分整合价值链上的所有利益相关者。

价值链战略管理主要包括六个方面：协调与协作、技术投资、组织过程、领导、员工、企业文化与态度（见图2-1）。其中，员工需要认同和执行价值链战略管理的各项要求，并进行协调和协作。他们为此付出了大量时间与精力，因此管理者必须激励员工。

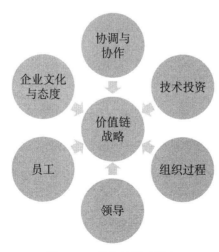

图2-1　价值链战略管理

然而，激励在薪酬管理的框架下效果有限。当只是被授予薪酬时，员工不会对企业文化、企业战略、组织结构等有更多关注。因此，需要将价值链管理融入人力资源管理，形成闭环管理系统（见图2-2）。

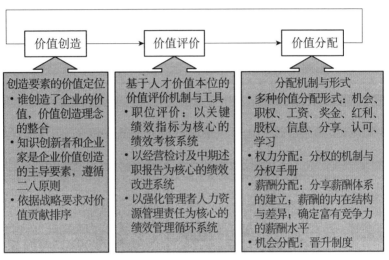

图2-2　企业的人力资源价值链

整个人力资源管理系统的重心在于对企业人力资源价值链的整合。所谓人力资源价值链，是指人力资源在企业中的价值创造、价值评价、价值分配三个环节所形成的横向链条。[1]

（1）价值创造环节：要从企业价值创造的主体和要素出发建立企业的价值理念，即明确在企业中：谁或哪些要素创造了价值，这些主体是怎样进行价值创造的，应该怎样进行价值创

---

① 彭剑锋，饶征. 基于能力的人力资源管理. 北京：中国人民大学出版社，2003.

造。这一环节落实到具体制度就形成了企业的目标牵引与工作规范，主要包括职位说明书、关键绩效指标体系等。

（2）价值评价环节：要以价值创造环节所确定的价值理念为依据，明确价值创造的主体与要素创造了多少价值，从而为价值分配奠定基础。这一环节落实到具体制度就是企业的绩效考核体系与职位评价体系。

（3）价值分配环节：要在前两个环节的基础上，对企业创造的所有价值进行公平合理的分配与再分配。这一环节落实到具体制度就形成了企业以薪酬制度与晋升制度为主体的利益分配体系。

在人力资源价值链中，前一环节是后一环节赖以存在的基础：价值创造为价值评价与价值分配提供理念与原则；价值评价为价值分配提供具体依据和标准；价值分配又通过对员工的激励和对劳动耗费的补偿成为新一轮价值创造的起点。三个环节前后呼应，促进职位说明书、职位评价体系、绩效考核体系、利益分配体系等有效配合，使人力资源管理系统成为一个有机的整体。

2.1.2　管理模式变化的特征趋势

用友网络科技股份有限公司董事长王文京表示，数智化商业时代，所有企业都是生态化的企业，平台化、生态化是新的社会生产和运行方式。北京华夏基石企业管理咨询有限公司彭剑锋教授也总结提炼了组织变化的六大趋势，称之为"新六化"，即战略的生态化、组织的平台化、人才的合伙化、领导的赋能化、运营的数字化、要素的社会化。人力资源管理的所有变革都要基于这六大组织变化趋势，去适应数智化时代的新科技、新制造、新零售、新模式、新动能，以及新产业、新生态的新要求。

"平台化 + 分布式"组织将会成为一种主流模式，未来的平台化经营与组织管理模式将具有以下特征：

1. 生态布局，网状结构

在战略上，企业必须有生态化的战略思维和业务布局，对平台化与生态化有长远的战略意识、足够的战略耐心与强大的战略定力。同时，通过变革打破科层制组织的垂直结构，组织不再是封闭的，而是开放合作的，与客户和外部生态融合构建生态优势，形成多头的、多中心并行的、扁平化的网状组织结构。

2. 数据驱动，平台管理

在生态布局和网状结构的组织中，组织的有效运行基于两个基础条件：

第一是数据驱动。没有数据驱动就谈不上生态布局以及网状结构的运行，所以企业必须实现数据驱动。数据驱动不仅仅是信息数字化、业务数字化，更需要企业在经营管理模式上进行数字化转型。整个企业内部的运行不再根据上级指令，而是依据消费者需求端所产生的任务市场和任务转化成的业务数据实现驱动。

第二是管理平台化。有了数据迁移、数据驱动，组织就可以构建管控与赋能平台，向一线前端配置资源并赋能，提高一线综合竞争能力。

3. 责任下沉，权力下放

有了数据和平台作为保障，经营责任就可以向下沉，而不是往上推，企业中的端对端都承担经营责任。此时企业要建立责任共担体系，责任下沉的同时还要做到权力下放，否则就谈不上自主经营体，更谈不上分布式经营与管理。

4. 领导赋能，任务市场

新模式下的领导不再是权威化领导，而是"愿景＋赋能"式领导。愿景使得全员对应目标，用规范化、体系化取代领导化，领导的职能转变为负责组织标准、规范、体系、机制的建立，确保整个体系的运转和优化。组织只有在中间层消减、扁平化以后，才能真正实现"愿景＋赋能"式领导。

新模式下，对企业而言最重要的是内部任务市场化。企业基于数据对内部任务进行资源（包括资金资源、人才资源）配置，在建立内部的任务市场交易体系后，内部任务可以市场化交易，也可以外包。

5. 独立核算，自主经营

企业内部必须建立独立核算体系，重构财务核算系统。只有这样，才能做到内部任务市场依据标准和相应的模块，实现真正的交易。依据任务市场的市场化交易来组合人才、整合资源，所需的职能部门、领导数量就会减少，所有职能部门都是动态化、模块化、标准化、插件化的，依据任务市场形成新的机构和新的人才组合。实现以上这些的前提条件就是独立核算，自主经营。

6. 共识共担，共创共享

新模式必须建立在共识共担、共创共享的机制基础上。共识就是人们共享愿景、目标；共担就是共担风险与共治责任；共创、共享就是发挥个体优势，团队协同共创价值，依据价值贡献分享公司剩余。

上述很多管理趋势已经成为现实，相应地，薪酬管理也受到很大影响，需要顺应这种变化趋势而做出改变。传统的薪酬集中统一管理模式已经不适应发展的需要，企业薪酬管理也要走向分布化。

2.2　薪酬治理的案例：以华为为例

传统薪酬模式问题繁多，该如何改善？从华为等企业由薪酬管理转向薪酬治理的实践中，我们可以获得很多启示。下面以华为为例，让读者先对薪酬治理有一个生动形象的认识。

2.2.1　利润中心模式

利润中心就是以利润为中心，面向客户承担端到端的责任，通过创造收入和控制相应成本，为公司利润做出直接贡献的责任主体，它们有足够的权限影响利润。常见的利润中心有产品线／业务单元／事业群、区域组织、渠道事业部等。

利润中心最初只是一个定位，落到具体的组织机构上就转化为一个实体，一般具有以下特点：

- 经营功能相对完整，边界相对清晰，具有收入侧和成本侧，可以核算利润；
- 一般处于主流程上，能够实现端到端的价值创造；
- 可以用内部利润表来呈现业绩，反映真实的价值创造；
- 享有较大的自主权，能影响利润并为利润负责；
- 负责人具备总经理的素质和能力。

常见的利润中心有四种划分维度。

（1）按产品划分：为不同产品设置不同的利润中心，就可以看到每个产品的收入、成本、费用和利润情况，使企业对每个产品的利润有清晰的认知，辅助经营管理决策。

（2）按客户划分：为每个大客户设置不同的利润中心，可以准确核算每个大客户贡献的收入、成本、费用和利润情况，从而帮助企业做出相应决策。

（3）按价值链环节划分：按照研发、采购、生产、销售的价值链环节设置利润中心，将上下游环节当作内部客户对待，设定内部结算价，由此计算损益。例如工厂从成本中心升级为利润中心，对应的价值创造就是加工费。

（4）按渠道划分：按照渠道设置不同的利润中心，即面向不同的客户或者中间商核算利润。

从另外一个角度，按照利润口径（利润完整程度），可以把利润中心分成三种类型：

（1）完全型（自然利润中心）。产销一体的组织形态是最理想也是最早实施的利润中心，它既有销售部门，也有生产部门，价值创造在一个部门完成，产生的是实实在在的利润，不涉及转拨价格的问题。企业要推行利润中心，就应尽量把生产和销售放在一起成立事业部，从而消除转拨价格的问题，减少内部矛盾。

（2）半全型（人为利润中心）。此类利润中心并不直接产生会计意义上的净利润，而是对应内部结算价格，产生各种口径的毛利润。生产中心、研发中心、销售部等并不具备完整的产销功能，但是企业可以设定一个内部结算价格，比如为生产部门设置内部出厂价，该部门就可以将产品"销售"给销售部门，从而计算出盈利情况，将其转化为一个虚拟利润中心。再如，华为用贡献利润口径，把事业群、区域组织都设为利润中心。这种利润中心类型要重点考虑内部结算价格，不合理的价格设定会引发内部矛盾。

（3）不完全型（非利润中心）。最后一种是将各职能部门设置成利润中心，比如人力资源管理部门，通过招聘服务向内部客户收取费用，作为部门收入，同时核算部门成本，以此形成利润。这就是时下流行的阿米巴经营管理模式。这种类型在实施上具有很大的难度，会产生转拨价格或费用分摊的问题。

利润中心的出现是企业规模扩大、分级授权的必然。企业规模较小时，不需要单独设置利润中心，企业整体就是一个利润中心，由老板直接负责。但发展到一定规模，只要出现业务上的分级授权，企业就需要考虑设立利润中心。例如将业务按产品线/区域/具体客户等细分，就需要建立相应的利润中心。分权必然要求分责，分责就得和利益对等，由此形成了利润中心。也许有人说，苹果公司尽管规模很大，但一直采取职能型组织，没有分出产品线、事业部等，所以它不适用利润中心模式。这个理解是错误的，苹果公司尽管没有横向的产品线等组织，但是其业务也是分权管理的，例如其零售副总裁掌管的零售业务就是一个利润中心，可以单独核算。

采用利润中心模式，有利于更好地实现利润目标，牵引管理行为。利润中心有一定的自主经营权，它可以根据利润最大化的原则组织生产，使成本控制由过去的被动型转变为主动型。每个利润中心都会想方设法提高收入，压缩成本，实现利润最大化。

利润中心模式有利于调动员工的积极性。建立利润中心，企业必然会在内部实行分级管理，必然需要向相关责任人授予相应的权力，使其权、责、利对等，这对管理人员的素质要求较高，但更重要的是能够充分调动他们的积极性，充分发挥个人才能。此外，利润中心包含更明确的利益关系，它利用与个人经济利益直接相关的利润指标来考核评价，更有利于明确责任和加强管理，有利于管理人员获得各方面市场信息并及时做出反应。

利润中心模式有利于优化组织结构，推动组织升级。目前，弹性的、分权化的企业组织形式成为组织变革的趋势，传统的职能型组织结构已被技术上的功能集成型组织结构和管理上的职能集成型组织结构代替。采用利润中心模式，企业需要按照事业部或者产品线对内部结构重新进行设计，这必然会导致组织结构的优化升级。

利润中心模式对薪酬的影响就是"分灶吃饭"。薪酬不再是统一的"大锅饭"，而是根据各个利润中心的划分，形成不同的"灶"，大家各自"吃饭"，而"饭"是靠各自的劳动"赚"来的，形成了所谓的获取分享制。

2.2.2　华为薪酬治理的启示

从最早的薪酬管理，到邀请合益集团（Hay Group）建立传统薪酬模式，再到独自探索建立以获取分享为特征的薪酬治理模式（见图 2-3），华为薪酬治理一路升级的历程可以带给我们很多启示。

华为 1997 年邀请合益集团建立个体薪酬层面的传统薪酬模式。合益集团为华为搭建薪酬体系，建立了职等体系，明确了"以岗定级、以级定薪"的规则，整体薪酬围绕个体薪酬而动。其中的职等体系使用了 20 多年，员工人数从 2 000 多人增加到 20 万人，只是最高职级在不断上调。

随着企业不断发展壮大，华为逐步认识到组织的激励应来源于获取分享制，即任何组织的物质回报都来自其创造的价值

2002年以前	2003—2011年	2012—2016年	2017年至今
【无奖金逻辑】 在2002年之前，华为是没有奖金逻辑的，那时候企业竞争力较高，华为员工的薪酬，光工资利润上就已经有足够的竞争力，奖金是一个额外的概念。 每年奖金多多还是少，首先员工不会有太高的期望，其次公司也有足够的支付能力。	【导入获取分享制】 华为有一段时间困难时期，工资竞争力不强，员工对奖金开始产生期望了。 管理层觉得需要建立一套奖励规则，这套奖励规则就是多劳多得，公司挣得多大家就多分得多，公司挣得少大家就分得少，从2003年开始在作战部门导入获取分享制机制。	【整个集团导入推广】 2012年开始在整个企业导入获取分享制。 获取分享制最大的作用或者最重要的基本假设，就是要把公司在市场上的经营压力在内部进行传递，员工要承担这种经营的压力和责任，建立一种奖金的机制，企业经营结果联动的机制，经营好的时候候质意愿跟员工绩效好的时候候质意愿跟员工一多分，差的时候候质差员工一起来承担。	【优化】 2017年，华为强调获取分享制的前提是要产生了利润，如果没有产生利润，就没有利益分享的基础；同时，需要持续完善熟业务的获取分享制，逐步引入追加奖励、战略奖励等措施。 2018年，华为不断完善与发展熟业务的新内涵，促进成熟业务更好地经营，建立并强化成长与发展初期业务的获取分享制。

图 2-3 华为薪酬模式的升级

和业绩。基于获取分享制，华为逐步建立起并持续完善了由业务经营与发展结果决定工资性薪酬包的机制，这种机制不仅能够合理地控制人力资源薪酬支出、降低公司的经营风险，而且能够有效地激发组织的活力、激励持续奋斗，支撑起华为的商业成功和持续发展。

华为获取分享制的发展经历了两个阶段。

第一阶段：试行获取分享制。2004 年，华为提出应通过考核提高人均效益，达到提升企业竞争力的目的，为后来试行获取分享制打下了基础。

永远要合理地减少非生产性人员，增加专业与业务人员，才有可能提高人均效益。各级干部一定要把自己部门内部效率低、不出贡献的人淘汰。不能因为他也在做工作，同事关系、上下级关系不错，就一直迁就，如果一个干部不懂得通过主动置换去创建一个更有效的组织，这个干部是不合适做一把手的。……我们认为考核是考核不走优秀干部的。不坚持考核，是以公司结束为代价的。因此，各级部门要认真对目标、任务进行考核。对考核目标不明确的，要今年与去年比，看人均效益是否提高。没有提高的部门，其负责干部也视同完不成任务。通过两三年的努力，使考核逐步科学化、合理化。通过考核，要使公司产生更多的竞争力。

——任正非在干部工作会议上的讲话（2004年1月）

2012年起，华为认识到了授予制的弊病，尝试采用获取分享制，以鼓励选出具有长远眼光的优秀个人。

从当年30门、40门模拟交换机的代理商做起，没有将军的长远眼光我们就不能走到今天。为什么我们后继就产生不了将军呢？是文化机制问题、考核机制问题。所以我们这次在广州召开的组织结构改革会上吵了一下午。胡厚崑最后说了一句话：我们的利益机制要从"授予"改成"获取"。授予就是我们上面来评，给你多少钱、给他多少钱。大家都希望多拿钱。以后我们改成"获取""分享"，就是整个考核机制要倒过来，以利益为中心。为什么我们机关这么庞大？是因为由机关来分钱，机关先给自己留一块，自己发得好好的，工资也涨得好好的，剩下的让其他弟兄们分，结果他们也拿不到多少。这就是一种不能鼓励产生英雄的机制、不能产生战略的机制，所以现在要调整过来。

——任正非与2012实验室干部与专家座谈（2012年7月）

第二阶段：优化获取分享制。2017年，华为强调获取分享制的前提是产生了利润，没有利润就没有了利益分享的基础；同时，需要持续完善成熟业务的获取分享制，逐步引入追加奖励、战略奖励等措施，并避免急功近利行为。

在分配中，战略性的问题公司做战略性的安排，非战略性的东西成长必须以贡献为中心。有些业务你说得天花乱坠，但是不产生利润就没有利益分享，这样评价机制慢慢就会有一个科学的方法。对于公司业务边界内成熟业务的获取分享制要优化，逐步引入追加奖励、战略奖励等措施，不仅让多打粮食的工作得到当期回报，也要让增加土地肥力的努力获得合理收益。追加奖励也是一种激励。另一方面，多打粮食不能以透支恶化土地肥力为代价，对于透支恶化土地肥力的急功近利行为，要让大家都知道。要建立科学的发展观，更重要的是建立科学的历史观。

——任正非关于人力资源管理纲要2.0修订

与研讨的讲话纪要（2017年11月）

2018年，华为明确坚持并持续优化获取分享制：在夯实各类组织的激励资源与价值创造间显性关联的同时，不断完善与发展获取分享制的新内涵，促进成熟业务更好地经营，帮助成长业务和发展初期业务更快地发展。

对于公司成熟业务的获取分享制持续优化。要逐步引入追加奖励、战略奖励等措施，不仅让多打粮食的工作得到当期回报，也要让增加土地肥力的努力获得合理收益。可适当引入追溯与追索等手段，识别因惯性增长而"搭车收益"的现象、纠正为短期收益而业务作假的行为。但追溯与追索要实事求是、基于场景、注意尺度，避免僵化追责而打击干部与员工创造价值的能动性。建立并强化成长与发展初期业务的获取分享机制。对于成长和发展初期业务，可借鉴优秀实践、结合业务自身特点发展获取分享机制；可合理加大激励机会与资源向成长和新发展业务的一定倾斜，促进优秀干部与员工积极投身成长与发展初期业务，去建功立业。

——华为公司人力资源管理纲要 2.0 总纲

（公开讨论稿）（2018 年 3 月）

华为采用获取分享制的价值分配方式，有效平衡了企业与各业务组织之间的利益冲突，形成了"利益分享、风险共担"的利益共同体、命运共同体，促进了企业与各业务组织的共赢，达到了减人、增产、涨工资的目的。

获取分享制一方面能够有效降低公司经营风险，只有获取更多的经营收益，公司才会有更多的人力资源薪酬支出；另一方面能够更好地激发各业务组织的活力，只有为公司经营做出更大的贡献，员工才能分享到更多的薪酬收入。

2012—2017 年，华为员工人数增长了 31%，而销售收入增长了 174%，人均薪酬包增长了约 120%，实现了公司获取更多、员工分享更多的双赢。

战略和经营计划被视为华为的"作战计划"。华为将战略规划（strategic plan，SP）作为"主轮"，牵引公司关注长期战略，定期进行战略审视。同时，提高业务单元（business unit，BU）、市场单元（market unit，MU）、功能单元（function unit，FU）等的中长期战略规划能力，加强区域、产品线和各部门的战略协同性，保障战略对标以及战略与行动的一致性，确保战略从公司规划到组织目标、到部门和岗位目标、再到个人目标，实现体系的贯通和衔接。

在华为，除了战略规划、业务计划（business plan，BP）之外，还有一个重要的计划内容——项目计划（project plan，PP）。华为的核心业务是运营商业务，以项目为单位运作，因此经营计划下沉至代表处，表现为日常项目计划。由此，战略规划、业务计划、项目计划构成"计划—预算—核算"的闭环管理，从而形成 PDCA[①] 的管理运作过程。基于获取分享制的理念，华为率先在行政系统试点薪酬包制度，然后逐步推广到负责一线作战的代表处、承担主航道业务的事业群（business group，BG），实施了不同业务组织差异化的薪酬包管理制度（见图 2-4）。

1. 行政系统薪酬包制度

2014 年，华为明确薪酬包制度就是要把落后的人挤出去，减人、增产、涨工资，行政系统要建立起薪酬包激励机制，以激发队伍活力。

行政系统也一样，要给行政系统一些薪酬包，用薪酬包进行激励，让大家从正向来获取，不要从侧面去拿。你们做一个过去与现在（薪酬包改革前后）的对比，服务业务量多少，行政费用多少，岗位编制多少。如果业务增长了，你们没有加人或者还减少了 15 个人至少 10 个人，薪酬包仍然可以给你们，给其他人涨工资。公司需要的是改进服务，不只是为了省钱。

——任正非在行政流程责任制试点进展汇报会上的讲话

（2014 年 11 月）

---

① PDCA：计划（plan）、实施（do）、检查（check）、处理（act）的首字母组合。

事业群薪酬包

2019年，为了充分激发消费者事业群追求更高发展增长的主观能动性，保障规模增长事业群合理的经营质量，华为授予消费者事业群范围内自主管理、自我约束，在边界范围内自主管理、自我约束，充分释放消费者事业群的创造活力。

代表处薪酬包

2014年，在拉美北地区部试点基线建设和弹性预算，为代表处薪酬包制度打下了基础。

2018年，启动合同在代表处审结试点改革，授予试点代表处采用激励总包（粮食包）管理机制。

行政系统薪酬包

2014年，把落后的人揪出去、减人、增产、涨工资，行政系统要建立起薪酬包激励机制。

2017年，行政系统继续精简机关、清理不作为员工，完善了行政系统薪酬包制度，为下一步向代表处、事业群推广薪酬包制度积累了经验。

图2-4　华为差异化的薪酬包管理制度

2017 年，华为在要求行政系统继续精简机关，清理不作为员工的同时完善了行政系统薪酬包制度，为下一步向代表处、事业群推广积累了经验。

我们明确在未来三年内，行政系统以现有薪酬包为基准（三年内减人不拿走你们的薪酬包），同时每年按公司薪酬平均增长比例，增长给你们。这就是"减人、增产、涨工资"。

——任正非在行政服务解决"小鬼难缠"工作进展

汇报上的讲话（2017 年 8 月）

2. 代表处薪酬包制度

代表处薪酬包制度和个人业绩承诺（personal business commitment，PBC）相关联。PBC 要求员工将围绕支撑业务的工作设计成业绩承诺。PBC 指标分解落地和基线建设与维护共同构成了华为的绩效基线环。较之于关键绩效指标（key performance index，KPI），PBC 更突出挑战性，强调组织绩效和个体绩效的结合，并体现在薪酬包上。

2014 年，华为开始在拉美北地区部试点基线建设和弹性预算，明确费用的改进和浪费都直接和收益、预算与业绩弹性相关，为接下来在代表处试行薪酬包制度夯实了基础、做好了铺垫。

　　拉美北地区部每个国家建每个国家的基线，用过去三年的数据分析会得出一个基线，以后的改进就是瞄准前两年的改进。今年跟去年比，明年跟今年比。不要寻求统一的标准基线，不同国家情况完全不同。不追求最佳、最优、最科学，用平衡计分卡发现哪个指标和之前比没有改进，明年就重点改进那一块，这样多年循环下来就能达到相对优化的管理。在获取分享的时候，改进直接关系你的收益，浪费也直接关系你的收益。这样才能使自己的费用管理科学化。

　　弹性预算管理要拿出经验来。比如你们现在计划增长了、效益增长了，人要去批，薪酬要去批，都要去批，那还谈何弹性？你做大了，各项费用自然就跟上来了，就有条件自主去经营。但你业绩下滑了，就赶快去减预算。短时间节约不出来可以理解，就是借我的钱你用三年滚动周期还给我。现在我们的预算就是弹性不了，原因是财务是大一统的管理，而不是授权到下面的管理。

　　——任正非，华为心声社区（2014 年 4 月）

　　2018 年，华为启动合同在代表处审结试点改革，目的是激发代表处在内外合规基础上多打粮食、增加土地肥力、提高人均贡献的主观能动性，并将代表处建设成"村自为战、人自为战"的一线经营堡垒。

试点代表处的激励管理是此次改革的重要内容：授予试点代表处采用激励总包（粮食包）管理机制，授予的粮食包分为工资性薪酬包和奖金包；试点代表处可在粮食包边界范围内自主管理、自我约束，以充分释放活力。

（1）粮食包按照一个总包授予试点代表处。

1）以试点代表处最近的三年信息通讯事业部（ICT）业务年度销售收入、年度贡献利润、年度薪酬总包（含该年度发放的工资总额、各类补贴总额和奖金总额）作为该代表处粮食包获取的历史延长线构建基础。

2）最近三年的代表处 ICT 业务销售收入、贡献利润、薪酬总包在基于销售收入的获取延长线、基于贡献利润的获取延长线构建中，其权重分别为 20%、30% 和 50%。

3）由基于 ICT 业务销售收入的获取延长线测算的粮食包占最终粮食包的 40% 权重；基于贡献利润的获取延长线测算的粮食包占最终粮食包的 60% 权重。

4）公司事业群为实现战略而自带战略穿透粮食包，在项目成功后可按相关约定额外加入代表处粮食包。

（2）试点代表处按照一定的规则将粮食包分为工资性薪酬包、经营性奖金包和战略／土地肥力奖金包。

（3）减员增效产生的工资性薪酬包节省可转换为经营性奖金包（后续由业务管理小组建立实施细则）。

（4）经营性奖金包不能转化为工资性薪酬包。

（5）粮食包扣除工资性薪酬包的30%用作战略／土地肥力奖金包，牵引代表处的中长期投入。

　　　　——《合同在代表处审结的试点方向与改革要点（试行）》

需要说明的是，贡献利润是华为独特的定义，是指区域销售组织或产品线能够真正贡献给华为的利润。

产品线的贡献毛利是在分产品线核算的产品销售毛利基础上，扣掉产品线的研发费用、营销费用和管理费用的结果；对于区域销售利润中心，比如代表处和地区部，这个利润中心是在承接公司分产品的销售毛利率基础上，按该区域销售组织分产品的销售收入计算出总的销售毛利，再扣除直接销售费用，扣除非正常损失（所谓非正常损失，主要包括借货销售损失，即借货最后没有形成销售的退货损失，还有合同变更损失、存货跌价损失、超期应收账款坏账损失等），最后形成区域销售组织的贡献毛利。

在这个贡献毛利的基础上，再扣除公司的期间费用分摊，这样形成叫作贡献利润和贡献利润率的概念，这也是华为的创造，它是区域销售组织（产品线也进行类似的核算和分摊）真正给公司利润的贡献。

——黄卫伟《华为组织变革的认知与启示》

3. 事业群薪酬包制度

2019 年，为了促进消费者事业群进一步抓住业务发展机遇，实现规模增长和效益提升，华为决定在现有运作机制的基础上，继续探索与实施以"机关手放开、业务放开手""机关管住钱、业务用好权""钱要体现集团意志、权要听得到炮声"为特征的消费者事业群相对自主经营、自主管理的业务运营模式。

为了充分激发消费者事业群的主观能动性，保障规模增长的经营质量，华为授予消费者事业群合理的粮食包，可在边界范围内自主管理、自我约束，充分释放消费者事业群的创造活力。

（1）年度粮食包按照一个总包授予消费者事业群，包含工资性薪酬包和奖金包。

（2）奖金包按消费者事业群贡献利润的一定百分比生成，其中10%～15%用作战略／土地肥力奖金包，与考核中的土地肥力要求挂钩，以牵引消费者事业群自身对于中长期业务发展基础的投入。

（3）工资性薪酬包＝粮食包－奖金包。工资性薪酬包可分成战略薪酬包和日常运营薪酬包：战略薪酬包主要用于消费者事业群对于未来业务竞争力的投入，采用节约不归己的模式；日常运营薪酬包可采用节约归己的模式，即人均效率提升产生的日常运营薪酬包节约可转换为其当年的经营性奖金包，以牵引人均效率的持续提升。

（4）进一步建立现金流约束机制。设置年度消费者事业群的利润兑现率目标，若低于目标，则扣减一定的经营性奖金包；若高于目标，则可进一步予以奖励。

（5）粮食包中的奖金包不能转化为工资性薪酬包。

——《消费者事业群粮食包管理高阶方案（试行）》

（1）粮食包生成的主要依据：

1）基于历史延长线：基于消费者事业群最近三年的销售毛利系数延长线和贡献利润系数延长线，叠加相应权重后，结合当年消费者事业群经营业绩预测，测算形成当年粮食包。

2）确因集团战略需求而要求消费者事业群开展的业务，集团应授予相应的战略粮食包，以对应消费者事业群增加人员投入的薪酬激励需要。

（2）粮食包计算的主要逻辑：基于历史延长线和本年度的销售毛利、奖金奖励期权计划（time unit plan，TUP）前贡献利润计算粮食包。粮食包应包含奖金包、工资性薪酬包、离家补助、艰苦补助等薪酬激励项目。

1）毛利系数和利润系数的产生逻辑：基于过去三年每年的薪酬总包、销售毛利和奖金 TUP 前贡献利润之间的比值，结合年度影响权重，确定毛利系数和利润系数。考虑到过去三年对本年度业绩影响的差异，过去三年的年度影响权重由近及远取值为 50%、30% 和 20%。

2）为牵引消费者事业群快速规模发展，在最终形成粮食包的计算中，销售毛利权重（权重1）取值 60%；奖金 TUP 前贡献利润权重（权重2）取值 40%。

3）粮食包预算的调整与核算：在年初按照预算的销售毛利和奖金 TUP 前贡献利润生成粮食包预算；过程中由消费者事业群按照业务滚动预测管控，年末根据销售毛利和奖金 TUP 前贡献利润的实际完成情况进行核算。

——《消费者事业群粮食包管理高阶方案（试行）》

基于获取分享制，华为对行政系统、代表处和事业群等不同业务组织，实施差异化的薪酬包管理制度，导向以客户为中心的核心价值观，取得了良好的效果，其实践经验特别是背后的逻辑，值得其他企业学习借鉴：

● 利用近三年的薪酬包和经营效益等历史数据来计算当年的薪酬包，时间越近的历史数据权重越大，以保证业务的连续性。

● 经营薪酬包由经营效益决定，采取获取分享制以分享收益，而且不同业务组织的经营效益目标和权重有所不同，以强化不同业务组织的努力方向，确保多打粮食。行政系统薪酬包与公司整体经营状况挂钩。代表处薪酬包与自身实现的销售收入和贡献利润挂钩。事业群薪酬包与自身实现的销售毛利和贡献利润挂钩。

● 经营薪酬包采用节约归己的模式，即人均效率提升产生的经营薪酬包节约，可以转换为该业务组织当年的经营性奖金，以牵引人均效率的持续提升。

● 战略薪酬包由公司开发新产品、开拓新市场、进行管理变革等战略需求任务决定，采取悬赏制，达成目标才能兑现奖金，以鼓励关注可持续发展，增加土地肥力。

● 战略薪酬包采用节约不归己的模式，以确保对未来业务竞争力的投入，支撑可持续发展。

从华为的薪酬治理升级之路我们可以看到：

- 个体薪酬发展到一定阶段，需要设立面向集体的薪酬包。

- 薪酬包是对个体薪酬的升维，具有很多特性，它不是个体薪酬的附庸，而是有独立管理的逻辑。

- 薪酬逐渐走向分权，开始分灶吃饭，以适应业务分布化、划小核算单元等的需要。

- 获取分享思想是薪酬模式的一大进步，它回答了传统薪酬模式无法回答的薪酬来源问题，并建立清晰的机制确认这一来源。

2.2.3 传统薪酬模式的升级方向

了解华为的薪酬治理发展历程后，传统薪酬模式的升级方向呼之欲出，如图 2-5 所示。

1.顶层架构升级

传统薪酬模式仅有个体层面的薪酬包，需要增加部门、组织层面的薪酬包（见图 2-6）。至于具体包括哪些层级，企业可以根据自身状况进行调整。本书将企业层面的薪酬包称为组织薪酬包，群体 / 事业部层面的薪酬包称为部门薪酬包，与个体层面的薪酬包（个体薪酬包）相对应。

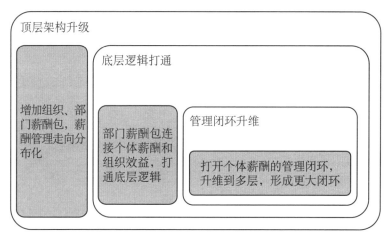

图 2-5 传统薪酬模式的升级方向

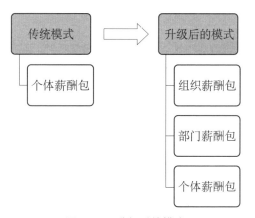

图 2-6 升级后的模式

顶层架构升级伴随的是管理权责架构的变化,薪酬管理权限下沉,重心前移,从传统的管控思路向授权赋能的方向转变。

2. 底层逻辑打通

顶层架构升级之后,组织薪酬包就可以作为桥梁,连接个体薪酬和组织效益，从而打通底层逻辑，如图 2 - 7 所示。

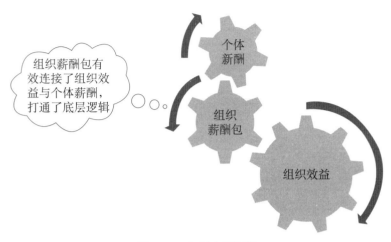

图 2 - 7　打通底层逻辑

我们可以进一步明确这种连接机制：或来自获取分享，或来自授予。先生成组织薪酬包，再依次分配到个体。这就清晰回答了薪酬来源问题，而传统薪酬模式很难回答个体薪酬到底从何而来，和组织效益有什么关系。

3. 管理闭环升维

顶层架构升级、底层逻辑打通之后，薪酬管理机制就可以相应升维（见图 2 - 8）。

个体薪酬层面的管理机制升维后变成多层面的管理机制，并且与战略、经营、预算等联通，形成更大的闭环（见图 2 - 9）。

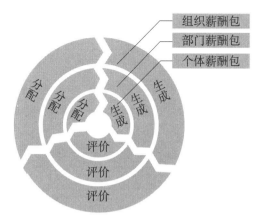

图 2-8　薪酬管理机制升维

图 2-9　薪酬管理形成更大的闭环

2.3　分钱新模式：薪酬治理

分钱新模式是对传统薪酬模式的升级，我们称之为薪酬治理模式。相比传统的薪酬管理，它上升到治理层面，导入了组织薪酬这一新理念，构建了多层薪酬包的顶层架构，从根本上理顺了从战略、经营到薪酬的全程逻辑，联通多层薪酬包，形成更大的管理机制闭环，解决了传统薪酬模式难以解决的很多问题，具备多维化、分布化、敏捷化、精细化的特性。

2.3.1 新模式总体架构

薪酬治理架构如图2-10所示。这是本书的核心内容，具体解释如下。

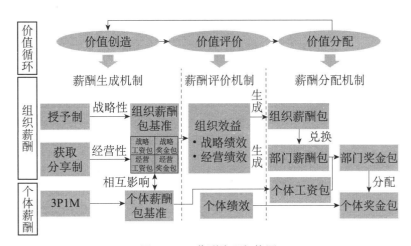

图 2-10 薪酬治理架构图

1. 顶层设计，雷厉风行

最顶层的价值链管理是一个闭环，体现了企业的经营理念。

首先，分钱新模式总体上对应价值链管理循环，清晰地阐释了薪酬生成、评价和分配的全过程。企业的日常运营过程就是员工价值创造的过程，员工的价值创造成果需要考核，这通过价值评价实现，最后根据价值评价的结果公平、公正地分配价值。价值分配使员工获得了新的物质和精神激励，他们会随即进入新一轮的价值创造。

其次，组织中的群体，即事业群、事业部和部门都应当找出关键的战略行动，以实现企业的长期目标：新产品的开发、现有生产能力的提升、客户群体的拓展等。战略行动计划一旦得到批准，就会得到预算支持，人员也就有了保障。

最后，战略预算的管理指导思想是预算的配置作用大于控制成本作用。战略预算的流程是战略→目标→衡量指标→挑战性目标值→行动计划，而不是战略→行动计划→衡量指标。战略预算流程应该用行动计划来帮助组织实现战略目标，而不是以行动计划本身作为结果。这就激励员工真正关心组织战略，而不是把完成行动计划当作目标，因为预算投入事关分配，连接个体和组织的利益，这是薪酬治理的关键。相较于薪酬治理，薪酬管理无法建立这种对应关系，因为价值是多层多维的，价值创造主体也是多元的，员工作为个体处于最底端，没有这种内驱力从下往上看。因此，引入组织薪酬包之后，新模式将其与个体薪酬包相连，符合员工的认知。个体是在企业中获取薪酬，必须关注企业的发展。换言之，在薪酬管理模式下，员工心态上是打工者；而在薪酬治理模式下，员工则相当于企业合伙人，因为事关自身利益得失，便会关注企业发展。

2. 上下贯通，左右相连

在构成上，新模式分为组织薪酬包和个体薪酬包，它们既相互独立，又相互影响。与传统薪酬模式加总个体薪酬包形成组织薪酬包不同，这里的组织薪酬包有独立存在的逻辑，以及生成、评价和分配的机制。组织薪酬包根据需要可以分为多层（例如集团薪酬包、公司薪酬包、体系薪酬包、部门薪酬包、项目薪酬包等），也可以分成多类（如战略工资包、战略奖金包、经营工资包、经营奖金包）。

在机制上，组织薪酬包的来源有两个：一是战略导向的授予制，以授予的形式给付，来自未来收益预期和预算；二是经营导向的获取分享制，是经营收益中的分享，来自现实收益。这就阐明了薪酬的来源，将薪酬与价值创造紧密挂钩实现联动，解决了以往两者割裂的问题，而且明确了激励导向。

新模式仍然保留了来源于3P1M的个体薪酬包，为确定个体薪酬包中的工资包提供了基准线，而奖金包要从组织奖金包中获取，而非单由个体绩效决定，从而在组织薪酬包和个体薪酬包之间形成了层层相因、环环紧扣的关系。

3. 战略上升，责任下移

人力资源真正成为企业的战略性资源后，人力资源管理就要对企业战略目标的实现承担责任。人力资源管理在组织中越来越高的战略地位要求 HR 转变思维，重新理解组织薪酬包和个体薪酬包，使其在新模式下发挥更大的作用。

在新模式下，HR 的主要工作在于：发挥专业性，将组织和个体层面联通；担负组织效益而不仅仅是个体绩效；推动组织薪酬包与部门薪酬包、个体薪酬包之间的分配从个体激励转向团队激励。

（3）在新模式下，企业管理者的责任加重，员工自主管理的责任加重。为配合企业的变革与创新，HR 需要与业务部门成为战略伙伴，同时将人力资源部打造成信息中心和服务中心。

这一转变改变了价值创造、评价和分配的逻辑。原有价值链中的价值创造就是在理念上肯定知识创新者和企业家在企业价值创造中的主导作用，注重形成企业的核心层、中坚层、骨干层员工队伍。而在新模式下，所有员工都是重要的价值创造者。

价值评价是人力资源管理的核心问题，其内容直指战略绩效和组织绩效、个体绩效。问渠那得清如许？为有活水源头来。企业有发展，员工有贡献，传统的人事考核自然向绩效管理转移，注重绩效改善；在此基础上，价值分配可以反作用于价值创造，形成有效的价值链循环和 PDCA 闭环，满足员工的需求，助力企业的发展。

综上，本书将华为的分钱模式总结为"一二三四"，即一个组织绩效、两种薪酬包、三套机制和四个因素（3P1M）。

2.3.2 新模式的运行机理

治理新模式为何比传统模式更有效？我们从其运行机理上一探究竟。

1. 薪酬来源

新模式从源头上明确了薪酬的来源。对企业而言，价值由全体员工创造，那么全体员工的薪酬就从价值创造中来，全体员工的薪酬包对应组织的整体价值创造，不直接分解到个体。价值创造按时点可以分成当期价值和未来价值（见图 2 - 11），当期价值是当下可以体现的收入、利润等，而未来价值则在将来才能体现，比如对组织能力的持续投资、新产品研发储备、客户关系投入等。这两种价值形成了经营目标、战略目标，它们都是薪酬的来源。

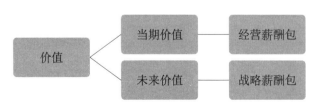

图 2 - 11 当期价值和未来价值

　　组织薪酬包的设立并不是为了消灭个体薪酬包，个体薪酬包也有它存在的意义。如果取消个体薪酬包，个体收入全部来自组织薪酬包，就会造成困惑。组织薪酬包和个体薪酬包彼此独立，相互影响，各有功能和作用，并不是相互取代的关系。

　　有了组织薪酬包，薪酬体系就完整了，薪酬管理就会进入一个新阶段。组织薪酬包不是简单地计算所有人的薪酬总和，而是以这个总数为基础，转换为和收入、利润等价值创造要素相关的"提成"，并且在后续运作中不再与个体相关。这种转换非常有必要，就好比飞机起飞前和起飞后，遵循的是陆地和空中两种不同的运动规律。飞机的起飞速度来自地面，薪酬包的初始值则来自个体薪酬基准的加总；飞机起飞后就应该与地面（个体薪酬、人数）脱钩，这样才会飞得好。传统薪酬模式的问题就是无法脱离"地面惯性"，虽然声称设立了组织薪酬包，但不过是个体薪酬包的汇总，脱离不了人数、个体薪酬的影响。阶段的跃升最终形成了机制和系统的合力，而不是简单的加总！

2. 薪酬生成

　　"起飞后"的组织薪酬包与什么相关？前面已经提到，组织薪酬包分别来自战略导向的授予制和经营导向的获取分享制，相应地组织薪酬包就与这两部分相关，即组织薪酬包＝经营薪酬包＋战略薪酬包。

经营薪酬包通常体现为与经营性财务指标挂钩的比例形式，例如经营薪酬包＝挂钩指标 × 挂钩比例，而不像传统薪酬模式那样被设定为一个不能弹性变化的数值。挂钩指标一般选取"收入 – 成本 – 费用 ＝ 利润"这个公式中的 1 ～ 2 项。如果只与一个指标挂钩，则容易引发失衡风险，例如只用收入指标，容易引导员工只看收入，忽视利润，降低企业盈利水平。通常的做法是选择两个指标挂钩，各赋予一定权重。例如经营薪酬包 ＝ 收入 ×A% × 权重 1＋ 利润 ×B% × 权重 2。挂钩比例是个体薪酬基准总和与挂钩指标的比例。该比例后续还要动态调整，并不受制于初始数值。

战略薪酬包与战略投入指标挂钩，如战略预算等，或者是将战略预算中的直接预测薪酬投入作为薪酬包。例如公司投入 2 000 万元战略预算开发某项新产品，其中 20% 作为薪酬，那么战略薪酬包 ＝2 000 万 × 20%＝400 万元。

同时，按照薪酬的性质，组织薪酬包还可以切分为工资包和奖金包，这与个体薪酬包层面的划分一致。不过，工资和奖金的性质并不相同，需要进一步细分，这样才能实现薪酬的精益化管理。

认清薪酬的性质，才可能设计好相应的管理机制。华为将薪酬包分成四块（见图 2 - 12），每块对应不同的管理逻辑。

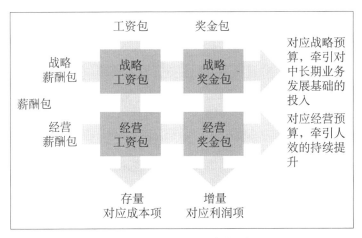

图 2 - 12　华为的四块薪酬包

需要说明的是，薪酬生成这一步生成的是薪酬基准，有了基准就有了依据。传统薪酬模式通常没有薪酬包的基准，即使有也只是随着编制变化而变化，因此无法管理。而新模式按照比例确定基准，这样就可以按照公式动态生成可用的薪酬预算，实现事先管理，各级管理者因此可以提前发放奖金，及时激励员工，实现薪酬的分布式自主管理。

3.薪酬评价

组织薪酬包的数额与挂钩指标相关，指标动态生成，则薪酬包动态授予，各级管理者就可以动态使用。个体薪酬包的评价受组织薪酬包的约束，与个体绩效挂钩，其中工资部分固定发放，奖金部分从组织奖金包中分配，个体奖金和组织效益也实现了挂钩。传统薪酬模式没有这种挂钩机制，割裂了个体薪酬和组织效益的关系。

薪酬评价不全是绩效评价，组织薪酬包的评价就和组织绩效考核结果没有关系，这是因为组织薪酬包本身就和财务绩效指标挂钩，如果再和组织绩效考核结果挂钩，相当于重复相关，放大了效应。组织薪酬包与绩效考核结果脱钩也能避免激烈的目标对抗——上级要定高，下级要定低，双方往往会相互推诿，脱钩有利于避免这种管理内耗，实现目标一致、利益一致，把精力聚焦到完成目标上。

4. 薪酬分配

薪酬分配按照"组织—部门—个体"的顺序进行，先形成组织薪酬包，再分解形成部门薪酬包，减去已发的工资包后，成为员工分享的部门奖金包。传统薪酬模式中完全不存在这一逻辑，因此造成了个体薪酬和组织效益不挂钩等诸多问题。新模式按照这一逻辑分钱，除了将个体薪酬和组织效益挂钩之外，更能实现分布式管理，让各级管理者真正有权管理薪酬，特别是分配奖金，这是对传统模式的超越。

2.3.3　从薪酬治理到薪酬善治

比起薪酬管理，薪酬治理总体上呈现四大优点：

（1）多维化：不再仅有个体层面的薪酬包，而是走向多维，出现项目薪酬包、部门薪酬包、组织薪酬包等多维薪酬包，以适应战略生态化、业务主体多元化、核算单元细分化等趋势。

（2）分布化：薪酬不再统一集中管理，而是走向分布化，薪酬管理权力下放，一线单元的自主管理权限增大，实现自我管理、自我约束。

（3）敏捷化：薪酬变得动态和敏捷，不再预先固定，薪酬总额随着业绩的变化而变化，薪酬发放不再是事后，而是可以在动态生成的薪酬包范围内，提前发放，及时激励。

（4）精益化：薪酬分类越来越精细，对薪酬性质的认识越来越深刻，逻辑越来越顺畅，薪酬管理越来越精益，激励的投资回报率不断提高。

表 2-1 列出了薪酬管理与薪酬治理的主要区别。

表 2-1　薪酬管理与薪酬治理的主要区别

项目	薪酬管理（传统模式）	薪酬治理（新模式）
构成	个体薪酬	个体薪酬 + 组织薪酬
薪酬来源	个体薪酬来自 3P1M 和谈判	组织薪酬来自战略导向的授予 + 经营导向的获取分享，紧密结合业务；个体薪酬来自 3P1M，但受组织薪酬影响

续表

项目	薪酬管理（传统模式）	薪酬治理（新模式）
薪酬生成	个体层面有薪酬基准，无组织层面薪酬，无法事前管理	组织和个体层面事前都有薪酬基准，组织薪酬与预算紧密结合，动态生成、动态授予和动态使用
薪酬评价	个体层面的 3P1M	组织和个体都进行评价，二者联动：大河有水小河满，大河无水小河干
薪酬分配	按个体层面的绩效分配奖金	根据组织绩效生成薪酬包和奖金包，奖金从上向下分配到个人
管理主体	中心式，总部掌控	分布式，一线授权
管理范式	强调规范、按部就班、防范风险	强调灵活、敏捷、及时激励

从本质上看，企业的成功取决于其对待员工的态度和方法。企业管理最难的不是运营管理、价值链管理等，而是人力管理，要善待员工，寻找人性化的方法管理员工。一个突出的实例是德胜（苏州）洋楼有限公司，其《德胜员工守则》体现了对员工的人性化管理。《庄子·杂篇·外物》说道："大林丘山之善于人也，亦神者不胜。""善于人也"在企业实践中就是善待员工。薪酬治理的核心是打造利益共同体，让管理者、HR 和员工共享一个平台，在分钱时能够相得益彰。

华为六君子之一、中国人民大学劳动人事学院孙健敏教授曾一针见血地指出，一些科技型企业并没有开发技术，反而在关注所谓的流量。他在 2022 年初说，中国职场上不仅充满了

"996"或"715"，还催生了所谓的"内卷""尾款人""打工人"等。针对整体薪酬，他提出了整体关怀及其所包含的四个层面（见图2-13）。

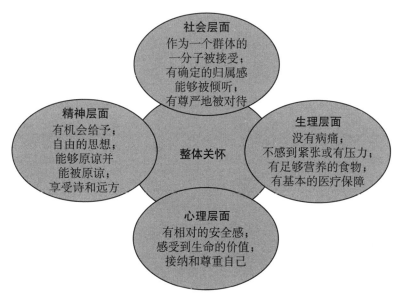

社会层面
作为一个群体的
一分子被接受；
有确定的归属感
能够被倾听；
有尊严地被对待

精神层面
有机会给予；
自由的思想；
能够原谅并
能被原谅；
享受诗和远方

整体关怀

生理层面
没有病痛；
不感到紧张或有压力；
有足够营养的食物；
有基本的医疗保障

心理层面
有相对的安全感；
感受到生命的价值；
接纳和尊重自己

图2-13　整体关怀及其所包含的四个层面

对于员工来说，这四个层面缺一不可。孙健敏教授呼吁：老板和HR要努力去营造富有人性化的工作环境。这种环境最终打造的不是商人，而是"人商"。就是把每个人都作为一个整体的人对待，让每个人努力地成为他渴望成为和能够成为的那个人，不是不虚此行，而是不虚此生。

2022年3月14日华为宣布减免公司内部服务类商户租金，

同时退还已经收缴的租金。此举正是彰显了华为对员工的人性关怀。

纵观华为的薪酬发展历程，与其说华为的成功就在于分钱，倒不如说华为薪酬治理的诀窍在于人性化管理，向奋斗者倾斜的薪酬治理体现出薪酬善治的理念。

第三章

薪酬包结构：分钱的步骤

个体薪酬包是薪酬管理中最经典的部分，是 HR 最熟悉的整体薪酬中的主要部分。经过企业多年的探究，个体薪酬包的构成逐渐多元化，从而满足员工的多元化需要。当然，无论个体薪酬包设计得多么复杂，其构成逻辑依旧围绕 3P1M。

3.1   个体薪酬包

3.1.1   个体薪酬包的结构

个体薪酬包包括企业向员工提供的经济性报酬与福利，还包括企业为员工创造的良好工作环境以及工作本身、组织特征等所带来的非经济性心理效用（见图 3－1）。

企业向员工提供的薪酬包括经济性的和非经济性的两部分。经济性报酬分为直接报酬与间接报酬，直接报酬主要包含基础工资、绩效工资、奖金、股权、红利、各种津贴；间接报酬指企业向员工提供的各种福利，如保险、补助、优惠、服务、

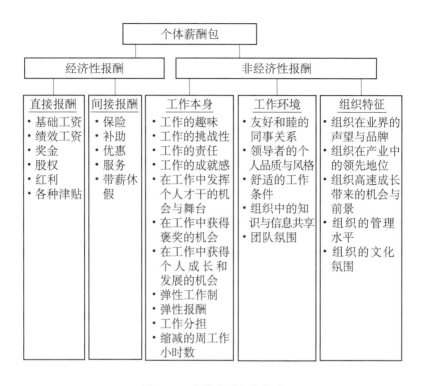

图 3-1　个体薪酬包的构成

带薪休假。

非经济性报酬分为工作本身、工作环境和组织特征带来的效用三部分。工作本身带来的心理效用包括工作的趣味、工作的挑战性、工作的责任、工作的成就感等；工作环境带来的心理效用包括友好和睦的同事关系、领导者的个人品质与风格、舒适的工作条件等；组织特征带来的心理效用包括组织在业界的声望与品牌、组织在产业中的领先地位、组织高速成长带来的机会与前景等。之所以把这些非经济性的心理效用也计入薪酬，是因为它们也是影响个体工作选择和职业选择的重要因素，并成为企业吸引人才、保留人才的重要工具和手段。

非经济性报酬是个体薪酬包的重要组成部分，不过本章着重讲解经济性报酬，展开介绍其具体内容。

● 基础工资。基础工资是企业按照一定的时间周期，定期向员工发放的固定报酬。基础工资主要反映员工所承担职位的价值或者员工所具备的技能或能力的价值，分别对应以职位为基础的基础工资和以能力为基础的基础工资。在国外，基础工资往往有时薪、月薪和年薪等形式，在中国，员工的基础工资以月薪为主，即每月按时向员工发放固定工资。

● 绩效工资。绩效工资是根据员工的年度绩效评价结果而确定的额外工资，是对员工优良工作绩效的一种奖励。它与奖金有所区别，奖金并不是基础工资永久性的增加部分，只是一次性奖励。

● 奖金。奖金是根据员工的工作绩效浮动的薪酬。奖金可以与员工的个体绩效挂钩，也可以与其所在团队的绩效挂钩，还可以与组织的整体绩效挂钩，分别对应个体奖金、团队奖励和组织奖励。需要注意的是，奖金不仅与员工的绩效挂钩，也与员工在组织中的职位和价值有关。

● 津贴。津贴往往是对员工工作中不利因素的补偿，它与经济学理论中的补偿性工资差别相关。比如：企业往往会给予夜班员工额外的夜班工作津贴，给予出差人员一定的出差补助。但津贴并不是薪酬中的核心部分，它在个体薪酬包中所占的比例往往较小。

● 福利。福利也是经济性报酬十分重要的组成部分，而且在现代企业的薪酬设计中愈发重要。中国企业在市场化改革的过程中，为了改变企业办社会的局面，曾经大幅削减员工福利，将福利转变为货币报酬。但现在越来越多的企业开始转变观念，认识到福利对于企业吸纳和保留人才的重要性。现代薪酬设计中的福利已经在很大程度上与传统的福利项目不同，带薪休假、健康计划、补充保险、住房补贴已经成为福利项目的重要形式，根据员工个人偏好而设计的自助式福利计划也成为新兴的福利形式，并获得了广泛认可。

● 股权。股权主要包括员工持股计划和股票期权计划。员工持股计划主要针对企业的中基层员工，股票期权计划则主要针对中高层管理人员、核心业务人员和技术人才。员工持股计划和股票期权计划不仅是针对员工的长期报酬形式，还将员工的个人利益与组织整体利益相连接，成为优化企业治理结构的重要方式，是现代企业动力系统的重要组成。

个体薪酬包的构成很复杂，总的来说可以分为三类：工资、奖金、分红（见图 3－2）。

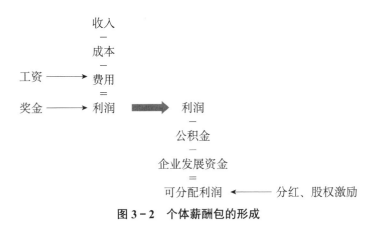

图 3－2　个体薪酬包的形成

　　工资可以理解为费用，费用就是活动的成本。在企业经营中，价值链成本就是费用；在薪酬中，员工工资就是费用。工资是员工跟公司签订劳动合同时约定的价格，可能包括基础工资、月度绩效工资和年度绩效工资。

　　奖金是公司对员工贡献的奖励，是额外给予的，所以一般不体现在劳动合同中。特别是年终奖，它是基于利润而不是费用，因此，年终奖的发放不是必然的。如果员工工作出色，达成甚至超出了原有预期，企业从利润中拿出一部分奖励给员工，这就是年终奖。

　　去除各种公积金以及用于企业发展的资金，剩下的就是股东可以根据出资额度分配的收益，即股东分红。近年来，很多企业纷纷制定了合伙人机制，这个机制的本质就是基于股东分红来进行利润分配。

理解了上述逻辑，面对企业中名目繁多的薪酬科目，我们才能有清晰的认识和判断，才能理清一家企业当前的薪酬体系中哪些是合理的、哪些是重复的、哪些有不足，做到心中有数。

3.1.2 个体薪酬包的管理逻辑

个体薪酬包的管理可以简述为十六字方针：以岗定级，以级定薪、人岗匹配、易岗易薪。

（1）以岗定级，就是岗位评估。企业里岗位众多，纵向看有总监、经理、主管等级别；横向看同是总监，有人力资源总监、财务总监、研发中心总监等岗位。由于不同岗位在企业价值创造流程中的节点不同，应承担的责任与做出的贡献不一样，因此工资也应该有所差异。到底哪个岗位更重要、更有价值呢？需要一个科学的办法来衡量。

市面上最常见的岗位评估方法有合益（最初也称海氏）岗位评估法、美世咨询公司（Mercer）等的岗位评估法等。以合益岗位评估法（见图3-3）为例，所有岗位包含的付酬因素分为三类：知识技能、解决问题能力和应负责任，因而设计了三套评价量表，综合所有得分可以算出各个工作岗位的相对价值。

该评估法认为，一个岗位之所以能够存在，是因为承担了一定的责任，即该岗位的产出。相对应的岗位人员的知识技能是投入。将投入转化为产出的过程就是在岗位中应用知识解决所面对的问题，来获得产出。

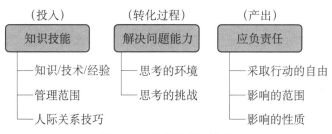

图 3 - 3 合益岗位评估法

确定对应的数值后，就可以将每个岗位分类，形成职位的概念。将不同的岗位按照评估结果的高低进行排列，对应到不同的界别上就形成了职位职级对照表，就可以明确不同职位之间的相对价值。职位职级对照表实际上就是以岗定级输出的一个形式。

（2）以级定薪（见表 3 - 1），就是为每个职级设定薪酬范围，即薪酬区段，也称带宽。比如人力资源总监的区段是从 2 万元到 3 万元，他的带宽就是 1 万元。薪酬带宽的设计不仅要以岗位评估结果为准，还要关注外部劳动力市场的薪酬调查结果，并将这一结果和岗位评估的结果相结合，形成不同岗位的带宽区间。

表 3-1 　职级工资对应表（仅示例，非实际）

职级	13	14	15	16	17	18
低区中线	6 100	7 600	9 600	11 600	14 100	15 800
中区中线	8 000	10 000	12 500	15 000	18 000	20 000
高区中线	11 000	13 500	16 500	19 500	22 800	30 000

（3）人岗匹配，就是把具体的人匹配到具体的岗位上。由于个人能力不一样，他们在岗位上做出的绩效也不同，因此工资也应有所差别。人岗匹配最核心的是，看员工的能力是否达到岗位的要求，绩效贡献是否符合岗位职责的要求。另外，人岗匹配还包括一些基本条件，如知识、技能、素质、经验等，满足这些基本条件才能匹配后续的内容。

（4）易岗易薪，就是当员工的岗位发生变动，或者员工能力不满足岗位要求时，调整员工的薪酬。如果员工能力提升或晋升到更高级别岗位，其工资会相应增加；如果员工能力下降或降级到更低级别岗位，其工资就相应减少。这是一种薪酬能升能降的动态调整机制。

3.1.3　不同岗位的薪酬包结构设计

薪酬包的结构设计一般遵循四大原则。

（1）内部一致性。内部一致性是指组织中的不同人员能够凭其对组织的价值和贡献大小来获得报酬，二者具有对等性和一致性。以岗位为基础的薪酬体系强调构建岗位分析和岗位评价的基础技术平台，通过岗位分析明确每个岗位的工作内容、业绩标准和任职资格等工作特征，并在此基础上通过一套系统性的岗位价值评价标准，对每个岗位的价值进行合理的评价，从而确定对每个岗位付薪的依据。企业如果采用以能力为基础的薪酬体系，则需要对员工的能力进行分析，确定各层各类员工的能力要求，并以此对员工进行评定，根据能力评定的结果和等级确定员工的付薪标准。

（2）外部竞争性。外部竞争性是指组织中的核心员工能够获得超过劳动力市场价格的报酬，企业的薪酬水平在劳动力市场上能够有效地吸引和保留人才。外部竞争性依赖于对企业相关劳动力市场的薪酬调查，并将薪酬调查结果与企业薪酬战略结合，作为确定企业薪酬政策线的主要依据，从而确保企业薪酬水平在相关劳动力市场上具有竞争力。

（3）激励性。激励性是指员工所获得的报酬能够有效反映其对组织的贡献和业绩。激励性的薪酬必须依靠科学的绩效考核体系，并将考核结果与员工的绩效提薪和奖金分配挂钩来实现绩效与薪酬的有机连接，使员工的短期、中期和长期绩效能够体现在薪酬中，从而激发员工的工作积极性、主动性和创造性。

（4）管理的可行性。管理的可行性主要强调薪酬设计要符合企业的管理实践，并且简单、易行和高效；同时加强人事费用的预算管理，有效控制人工成本总额，合理安排企业利润在自身积累和员工分配之间的比例，实现企业和员工的双赢。

基于四大原则，就可以根据岗位特质、企业发展阶段进行不同结构的薪酬设计（见表3-2），从而更好地达成组织目标、激励员工。

表3-2　不同岗位特质、不同企业发展阶段的薪酬设计

发展阶段	发展特征	岗位	薪酬构成
发展期	能够同时在两个或两个以上的项目上盈利，并且管理系统健全	核心决策层	底薪 + 分红 + 股权
		高层	底薪 + 分红
		技术人员	底薪 + 奖励
		职能人员	底薪 + 绩效
		辅助类员工	固定工资
加速期	能够复制项目的发展模式，并且单位时期内增长速度在三倍以上；同时有一套平行扩展的机制；利润增长在两倍以上	核心决策层	底薪 + 事业部分红 + 股权
		高层	底薪 + 事业部分红
		营销人员	底薪 + 提成
		职能人员	底薪 + 绩效
		辅助类员工	固定工资
品牌期	社会认知度高，盈利点在品牌文化，而不是价格；管理系统健全，利润稳定	核心决策层	底薪 + 事业部分红 + 股权
		高层	底薪 + 事业部分红
		营销人员	底薪 + 提成
		职能人员	底薪 + 高绩效
		辅助类员工	固定工资

续表

发展阶段	发展特征	岗位	薪酬构成
衰退期	产品不能适应社会发展，更新速度慢，机制老化，利润降低	所有人员	保障工资

除了依据企业发展阶段设计薪酬，还可以根据不同的岗位序列设计薪酬拆分的比例，按照岗位的特征对激励的要求确定薪酬构成（见表3-3）。

表 3-3 不同岗位序列的薪酬设计

岗位序列	薪酬设计	
管理序列	根据不同企业性质决定，可以采用高固定低浮动（非销售型企业），也可以采用高浮动低固定（以销售为主的企业），年薪制的设计除外	
职能序列	高固定低浮动	浮动中绩效工资比例根据不同岗位层级进行设计；越往高层，绩效工资比例应该越大，这是本着激励性原则
营销序列	低固定高浮动	
技术序列（研发）	高津贴更贴合实际，例如高新技术研发企业，将津补贴比例加大，可以有效降低特殊情况下的用工成本，生产型技术除外	
生产序列	可以根据企业生产特征与产品条线的长短设计，长线产品更适合高固定低浮动的挂钩方式，短线产品更适合低固定高浮动的挂钩方式	

3.2 组织薪酬包

组织薪酬包是薪酬治理的关键一环。既然创造了价值，员工的整体薪酬就从价值创造而来，个体薪酬包则对应组织的整体价值创造。组织薪酬包的设立并不是为了消灭个体薪酬包，组织薪酬包和个体薪酬包彼此独立，相互影响，各自发挥作用，并不相互取代。

3.2.1 组织薪酬包的层级

不同企业可以视自身情况设定不同层面的薪酬包，如组织层面的公司包，群体层面的部门包、事业群包、事业部包等，再和个体层面的个体包相互联系。下面以华为设计的不同层级的薪酬包为例进行解释（见图3-4）。

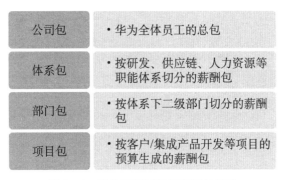

图3-4 华为不同层级的薪酬包设计

图 3-4 中的公司包就是组织薪酬包，是指企业在一个财务年度内直接支付给与本企业建立劳动关系的全部员工的劳动报酬总额，具体包括工资、奖金、津贴补贴等。组织薪酬包根据发放是否有弹性又可以分为工资性薪酬包和奖金包。工资性薪酬包有工资、加班费、津贴补贴、社会保障金、商业保障、离职补偿、工资附加费等。奖金包有业绩提成、绩效奖金、专项奖金、年终奖金等。工资性薪酬包是刚性的，基于定岗、定编、定员而必须每月向员工支付，是员工的保障性薪酬。工资性薪酬包的核心是解决"配多少人、干多少活、发多少钱"的问题。奖金包是基于业绩、目标、项目等是否达成授予员工的浮动薪酬收入，具有一定的弹性。没有达成业绩，可能没有奖金。

体系包是指按职能体系切分的薪酬包。例如对研发相关的部门或岗位进行切分，形成研发体系，对这一体系所有研发员工设计薪酬包，其具体构成与公司包相似，数额与公司包直接或间接挂钩。

部门包是以部门为单位设计的薪酬包，其构成与数额同样与上一级薪酬包挂钩。例如人力资源部门包 =（企业收入 × 比例 1+ 企业利润 × 比例 2）× 人力资源部门比例。人力资源部门比例一般由人力资源部门薪酬与所有同类部门薪酬总和的比值决定，为保证精度，通常还要考虑近三年的数据进行微调。

项目包是指以项目为单位设计的薪酬包，薪酬来源以项目的预算为主。不同企业的项目薪酬设计方法不同，例如某公司的项目包＝项目预算工作量（不含项目外包人员）× 难度系数 × 急迫性系数 × 重要度系数 × 项目人月奖励基准。

3.2.2 奖金包的设计

获取分享制强调的是，奖金来自为客户创造价值的项目，各级组织基于项目带来的利益以及在价值创造过程中所做出的直接或间接贡献分享奖金。奖金是靠努力获取的，分享则依据在价值创造中的贡献。

横向来看，华为有不同的组织单元，它们的业务发展周期不同，战略诉求不一，如何进行利润分配？根据不同业务属性，华为制定出不同的业务单元利润中心的价值分享规则，业务单元分为成熟区域、成长区域和拓展区域。

（1）对于成熟区域的业务，有两种分享方式：存量分享和增量分享。存量分享是按照贡献利润来计算。增量分享是华为利润分享的主要模式，奖金分配公式为：测算奖金包＝上年奖金包 ×（1+ 经营效益改善率）。

（2）对于成长区域的业务，奖金主要和业务增长挂钩，华为引进了熔断机制，即当奖金超过预算金额的两倍时，超出部分不再予以计算。

（3）对于拓展区域的业务，华为设置有限的保护期机制。例如，员工从成熟区域调去拓展区域，原本薪酬对应的奖金是100万元，那么在调岗过去的两年内仍以100万元为奖金起点。如果业绩超出了预期，也会有相应的奖励。

获取分享制体现了华为对于价值分配机制的深刻认识，同时也让华为的奋斗者们看到了新的希望，但是在实际操作中，这一机制也并非十全十美。

纵向来看，华为通过简化管理让员工关注企业战略。华为所有的工作都聚焦在价值创造上，通过薪酬包机制将奖金构成大大简化，即奖金包＝薪酬包－工资包。步骤如下：

首先，按照通用的公式设计薪酬包：

$$组织薪酬包 = \frac{经营薪酬包}{（获取分享制）} + \frac{战略薪酬包}{（授予制）}$$

$$经营薪酬包 = 要素1×历史系数延长线1×权重1$$
$$+ 要素2×历史系数延长线2×权重2$$

历史系数延长线公式为：

$$收入系数 = 50\% × \left(\frac{薪酬总包}{收入}\right)_{Year\,1} + 30\%$$
$$× \left(\frac{薪酬总包}{收入}\right)_{Year\,2} + 20\% × \left(\frac{薪酬总包}{收入}\right)_{Year\,3}$$

$$利润系数 =50\%\times\left(\frac{薪酬总包}{利润}\right)_{Year\,1}+30\%$$
$$\times\left(\frac{薪酬总包}{利润}\right)_{Year\,2}+20\%\times\left(\frac{薪酬总包}{利润}\right)_{Year\,3}$$

这个设计思路通用性高，各事业群、事业部基本都按此设计经营薪酬包。战略薪酬包则按战略预算生成，一事一议。

其次，计算工资包：员工的固定工资乘以人数，可以计算出工资包。

最后，计算奖金包：薪酬包减去工资包，就得出奖金包。

通过这种方式，组织薪酬包与组织效益目标挂钩，薪酬包的大小与所在事业部能给公司带来的绩效有关。薪酬包管控则与战略管理、预算管理两者配合加以实现。战略规划制定之后，基于战略分解后的相应行动，测算出当年的经营目标（如财务指标、客户指标）。最后基于组织绩效或经营目标，完成投入产出分析：投入即人力投入与其他货币化后的资源，产出即所创造的营业收入或利润。

除了这种简化的薪酬包计算方法，也有另一种较为复杂的计算方法。

假设 2023 年度事业部的业绩贡献为存量值 X，2024 年预算规划值在正常情况下应有 $N\%$ 的增长，即规划目标值为（$1+N\%$）X。原存量业绩 X 对应存量薪酬包 Y，则当 X 增长后支撑增量绩效背后所需的 Y 的增量又是多少？

事业部有增量绩效，奖金包才有增长，并且两者不应该是同比线性增长（3.2.3 节会详细讨论）。

公司包通常包括存量人员薪酬总额，这个数额一般不会变小，除非业务收缩需要降低成本；还包括存量人员加薪包，事业部或者部门作为团队为企业创造了效益，实现 2 个人做 3 个人的工作，才能"拿 2.5 个人的钱"。企业如果增加人员，就要根据层级、到岗时间预测增人包；与之相反，还有离职补偿包，涉及辞退人员需要支付的成本，这部分可按经验值估算。

需要注意，由于薪酬包中工资包刚性、奖金包弹性的特点，需要将其拆分为两部分进行管理。

工资包整体上具有刚性，因为和人数有关，管控的要点在于估算完成业绩所需的人力投入。与之相比，奖金包在设计和管控时更多基于所创造的产出与价值，弹性更大。就如同分蛋糕，企业决定蛋糕第一刀怎么切，部门决定蛋糕第二刀怎么切。华为将奖金包分成和业绩直接相关与间接相关两部分。直接相关的常见方式如经营单元的提成制、分润制，后台单元和公司效益挂钩的奖金等；间接相关是基于某种特定意图所需的激励，主要指战略层级的投入，如新市场开拓费，还有典型的为评优创先所设定的奖金。

需要注意的是，很多着眼于企业长期发展的战略任务更为重要，企业往往还需要投入最优秀的员工。如果奖金机制只考虑"赚钱的单元可以分钱"，那么所有目前不能赚钱的业务就不会有人愿意去投入。所以，企业还要对暂时处于投入期的任务／项目给予补贴，单独设立奖金包。

由此对奖金包管理提出了更高要求，和业绩直接、间接相关的奖金的估算方式可以是将奖金与主要业绩指标（收入、利润）建立联系；也可以参考历史值，如从前几年人均奖金数来看涨幅的合理性；还可以参考外部值，如项目经理岗位的平均奖金在当地业内怎么算，额度区间是多少，然后做出合理选择。最后，参考内部值，如知晓某事业部的平均奖金数后，类似事业部可以此为参照物上浮下调。

对于专项奖金包，主要可采用以下几种方法计算：

第一种，价值分析法。基于已创造的战略价值给予奖励，适用于事后奖励。具体比例相互协商，灵活确定。

第二种，目标奖金法。基于约定的目标匹配一个定额奖金包，根据达成情况浮动。

第三种，卷积法。先估算出该层级人员在内部／外部保持一定竞争力的薪酬大概需要的区间，再依据实际完成情况进行弹性放大缩小。表3-1的以级定薪与这一方法原理相似。

3.2.3　组织薪酬包与个体薪酬包的线性挂钩

组织薪酬包确定后，就要使群体薪酬包与个体薪酬包相连并产生互动。下面举例说明连接方式。

公司中个体、部门的工资包大致是稳定的，其数额基于公司年内目标业绩的实现情况；而奖金包要发挥激励作用，与公司经营业绩相关，弹性较大。面对图 3-5 中的四种奖金包方案，应该如何选择呢？

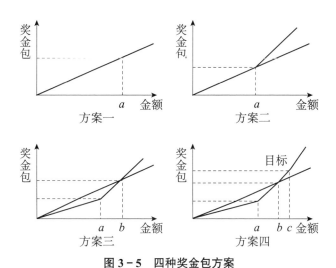

图 3-5　四种奖金包方案

图 3-5 展示了与公司经营业绩相关的奖金包的四种发放方案：

方案一：线性奖金方案。奖金包 = 收入奖金包 + 利润奖金包；

方案二：存量不变，增量加速。奖金包 = 业绩存量奖金包 + 业绩增量奖金包；

方案三：存量打折，增量加速。奖金包 = 业绩存量奖金包 + 业绩增量奖金包；

方案四：存量打折，增量加速，超额再加速。奖金包 = 业绩存量奖金包 + 业绩增量奖金包 + 业绩超额奖金包。

这四种方案中，第一种方案是最合理的，它体现的逻辑就是获取分享，将挣到的钱按比例分配。国内很多企业的高目标高激励最后没有带来高增长，而华为等企业的线性奖金方案反而能够促进高增长，为什么呢?

较之方案一，其他方案首先要求实现目标。而在实践中，公司往往根据业务需要不断调整计划，有时控制增长，有时减少投入，这就会和追求短期刺激的奖金发生矛盾。在业务不断增长的时候，公司的总奖金数目水涨船高，员工会形成一定的心理预期。

具体来说，方案一的优势在于：在公司层面，要生成奖金，就要做总额控制，体系之间要均衡发展。公司若想牵引内部人才往某些部门流动，可以通过奖金设计推动。通过获取分享让每个部门能够自我激励，多挣多得，公司利润就高。

另外，对于公司来说，业绩目标不会与收入直接挂钩。针对如何设定目标，华为有两个基本共识：第一，目标未必合理，因为目标是一种预测，谁也无法保证预测是合理的。目标其实是一种决心，即发誓要做什么，是企业的战略追求。决定企业目标的是对未来的预测、对发展的决心和战略想法。第二，实现目标的行动必须合理。具体目标是公司的决心和诉求，是根据公司发展要求确定的，不能讨价还价。有讨论空间的是如何达成目标，即行动策略及资源需求，这是必须商议和推演的。华为设定任何目标都必须事先推演。

获取分享制总体上要达成三个效果（见图3-6）。

图3-6　获取分享制的效果

在组织层面，每个部门是自己获取分享，自我激励；把公司经营压力传递给每一个作战部门；真正实现集成作战、部门协同。

在部门层面，多劳多得，做大蛋糕，员工就不会跟领导推脱目标了，因为最终奖金根据实际产出生成，做得多分得就多。

俗话说，"人多好干事，人少好过年"。业务主管需要控制好部门的人效，努力让部门越来越精干，在分配奖金时掌握更多的自主权。

而从个体层面上说，获取分享制建立了一种比较好的预期，只有公司好、部门好，个体才会好。仅个人好不一定会分到更多的钱，因为个体奖金与部门业绩相关，员工会坚持多劳多得。这一机制激励人往高处走，使员工关注部门绩效、组织绩效，最终实现力出一孔、利出一孔。

这些就是推行获取分享制后在组织、部门、个体三个层面上能获得的效果。具体操作时，要根据公司的不同发展时期确定战略目标和奖金包间的线性关系，分情况讨论。

（1）处于成长期的公司，追求规模增长，在对标行业薪酬水平的同时，参照薪酬历史基线，采用业务增量驱动薪酬包增长，以弹性率定法为主，业务增长越快，薪酬包增长也越快，从而鼓励扩充编制、抓住市场机会。

（2）处于业务稳定期的公司，主要参照薪酬历史基线，基于历史延长线决定薪酬包的水平。薪酬包的生成与规模指标（如销售收入）和效益指标（如利润）关联，牵引企业均衡发展。薪酬总包既源于存量业务，也源于增量业务；既考虑股东利益，也考虑对人才的依赖，确定相对稳定的劳资分配比例关系。

（3）处于成熟期的企业，业务稳定，人员编制也比较稳定，可以使用弹性方法，激励员工做出更大贡献。

（4）处于衰退期的企业，主要追求盈利，考虑支付能力，可以基于存量业务运用弹性率定法生成薪酬总包。

下面具体介绍薪酬总额设定的关键环节。

（1）确定薪酬总额的算法。创业期或者早期的企业一般没有薪酬总额的概念，都是一事一议，一人一议。随着管理规模扩大，薪酬总额管理不得不提上日程。薪酬总额的生成需要根据企业的发展阶段采取不同的方式。大多数企业采用弹性率定法进行计算，基本公式为：

$$薪酬总额 = 规模 \times 规模系数 \times 规模权重$$
$$+ 效益 \times 效益系数 \times 效益权重$$

规模系数和效益系数可以根据市场对标、历史基线和企业支付能力确定。规模权重和效益权重之和为 100%，针对不同场景需要对基本算法进行调整。例如，新业务可能没有产生销售额和利润或者销售额和利润很少，不足以支撑组织的薪酬成本。这种情况下，就需要在基本算法上再叠加战略补贴包。所谓战略补贴包，就是考虑到业务投入和产出存在时间上的错配，需要先补贴，等业务进入盈亏平衡点后再进行"回填"。这就需要对战略补贴包的使用进行规划，如规定只能补贴三年，三年后要对战略补贴包进行扣回。如果到规划的时间节点，业务还没有实现盈亏平衡，公司就需要考虑是否终止业务或者更换团队。公司通过叠加战略补贴包的机制，确保新的业务能够成长起来，同时也适当施加一些压力督促业务发展。

在不同阶段，业务开展的难易程度不一样，可以设置难易系数；不同国家的生活水平不一样，通货膨胀情况不一样，可以根据企业所在的国家设置国家系数等。总之，根据管理诉求，可以设置包含难易程度、不同区域、不同产品等的差异系数，对基本算法进行灵活调节，针对某个具体场景设计薪酬包的生成机制，达到管理牵引的目的。相对通用的薪酬包算法的公式为：

$$薪酬总额 = (规模 \times 规模系数 \times 规模权重$$
$$+ 效益 \times 效益系数 \times 效益权重)$$
$$\times 差异系数 + 战略补贴包$$

（2）选取关键经营指标。这一步就是建立薪酬总额与关键经营指标的联动关系。一般规模指标可以是订货额、发货额、销售收入、产值、资产规模等，效益指标可以是毛利、劳资价值（收入扣除非人工成本费用）、净利润、现金流、营运资产效益等。具体指标要根据企业所在行业的特点、企业经营管理牵引的方向来选择。如果想牵引一线单元多签订销售合同，就使用订货额；如果想牵引提升毛利，就使用毛利；如果想牵引提升应收账款、存货的周转效率，就使用运营资产的效益指标。关键经营指标的选取要注意：

- 数据的真实性。如果选取订货额，要提防数据造假。销售人员可能与客户串谋，做大合同额，但实际上并没有形成销售收入。

- 数据的及时性。如果选取销售收入，要注意发货、安装等环节可能导致账面销售收入滞后，激励不及时。

- 数据的关联性。生成薪酬包的关键指标要与人员规模正相关。例如，销售收入增加，薪酬总额会增加，但如果销售收入增加是由于产品价格大幅上涨，实际销售量并没有增加，甚至是下滑的，这时因为产品价格上涨而增加薪酬总包，就可能与薪酬包机制设计的初衷背离了。

- 数据的激励性。薪酬总额生成机制的关键是要能激励企业创造价值，而不是导向内部博弈。选取的指标一定要具有激励性。例如，某些企业的固定资产投入较大，在业务发展期由于折旧摊销费用较大，企业基本处于亏损状态，如果基于利润指标考核，可能三五年都没有盈余。从激励的角度出发，可以调整利润的核算口径，先不计提折旧摊销，或者少计提，构建薪酬总额与利润指标的关联关系即可，这样能激励团队，使团队有努力空间。

- 数据的稳定性。选取的关键经营指标，其数据要有一定的稳定性。数据波动性太大，容易导致薪酬包的大幅波动，由于人员编制无法及时调整，致使薪酬包忽大忽小，不能有效激励组织。如果存在波动性，要对波动进行"削峰填谷"的数据处理；如果数据超过预期值太大，可以引入薪酬递延机制，将明显多余的薪酬包递延到明年或者后年发放；如果数据明显低于预期值，导致薪酬包不够用，可以引入薪酬预发机制，到明年、后年再归还。除了选择规模指标和效益指标，还可以添加一些指标对薪酬包进行调节，如回款指标、存货指标、应收账款指标以及费用指标等。

为了避免内部博弈，比较好的方式是以薪酬历史基线为主，结合管理诉求，对标行业薪酬水平进行适当的修正。例如，规模系数和效益系数可以基于过去三年的数据，用算术平均法或者加权平均法来避免数据的波动性。基于历史延长线来确定基线，容易达成共识。下面用加权平均法举例说明：选择规模指标为收入，效益指标为利润，时间越近的历史数据，越有参考意义，因此上一年的权重为50%，其他年份权重依次递减，相关公式如下：

$$收入系数 = (\frac{上第一年度薪酬包}{上第一年度收入}) \times 50\%$$

$$+ (\frac{上第二年度薪酬包}{上第二年度收入}) \times 30\%$$

$$+ (\frac{上第三年度薪酬包}{上第三年度收入}) \times 20\%$$

$$利润系数 = (\frac{上第一年度薪酬包}{上第一年度收入}) \times 50\%$$

$$+ (\frac{上第二年度薪酬包}{上第二年度收入}) \times 30\%$$

$$+ (\frac{上第三年度薪酬包}{上第三年度收入}) \times 20\%$$

利用历史延长线来确定基线的前提假设是业务基本稳定，此处一般坚持不降低原则，也就是当业绩与过去保持不变时，薪酬总额也不变，默认历史薪酬水平是基本合理的。

（3）如果没有历史数据，就需要建立初始基线；如果历史数据不合理，就需要根据薪酬策略与规划，并对标本行业的薪酬水平，剔除历史数据中的极端值（特殊情况下的高点、低点），进行一定的修正。薪酬本质上是一种资源配置，更是一种投入，而不仅仅是费用。根据业务发展策略，对于重点扶持的业务，可实行"给火车头加满油"的策略，采取宽口径，取大数；对于平稳期的业务，可取平均数；对于衰退期的业务，采取窄口径，取小数即可。确定了规模系数和效益系数后，需要确定相应的权重，规模权重和效益权重之和为 100%。权重根据管理诉求设定，如果企业处于成长期，重点是追求规模增长，规模权重可以大于效益权重，如设定规模权重为 60%，效益权重为 40%。如果企业处于稳定期，更加强调效益，可以将效益权重调整为 60%，规模权重调整为 40%。

（4）通过规模指标和效益指标确定调节系数。基于历史延长线设置薪酬总额，并不一定能满足管理诉求，企业业务发展阶段可能是多种业务叠加的状态，同时存在成熟业务、创新业务以及衰退业务。企业在设计薪酬总额生成机制时，需要确定主要的算法，然后叠加其他要素进行调节。例如，企业正在大力开展新业务，要投入比较多的人力资源去开发产品和市场，需要对该业务的薪酬包单独考虑，否则就有可能挤占成熟业务的薪酬包。这种情况下，需要引入战略补贴包的算法，设计针对新业务的薪酬总包，这就是一种战略投入。

（5）某些企业在不同阶段可能遇到市场环境的变化，导致业务发展遇到阻力，这种情况下可以引入难度系数作为乘数，适当调整薪酬总额。如果需要牵引企业节约成本费用，可以再设计专项激励，叠加到薪酬总额上。具体操作方法在第五章介绍。

综上所述，薪酬总额的生成并不只是用来算账的。根据目标设置理论与期望理论，薪酬规划对于员工是一种激励因素，要基于管理诉求，设计能够激励员工完成经营目标的薪酬生成规则。

总之，薪酬包的重要作用是弥补当前以个体为基础设计的薪酬体系的漏洞。没有薪酬包，就容易出现各种问题，例如个人薪酬与组织绩效无关、薪酬导向不明、员工漠视团队各自为战等，使得薪酬只能被动管理，各单元缺少自主灵活性，导致编制失控、成本超支、人员素质和效益双下滑，整个企业损失惨重。

相比之下，采用薪酬包的企业，其薪酬管理水平往往比较高，企业效益也比较好，具体体现在以下几个方面：

- 激励认知方面：采用薪酬包的企业，认识到薪酬从收益中生成，并不是费用，管理者认同薪酬是价值创造的驱动因素，从而敢于投入，创造更大的增量；没有采用薪酬包的企业，认为薪酬就是成本费用，多一个人就增加一份成本，要严格把控薪酬，从而眼光退化，形成固化思维。

- 激励导向方面：采用薪酬包的企业，薪酬包与收入、利润挂钩，对应价值创造，导向更加清晰，团队知道向哪里合力冲锋，成员会自觉以收入、利润为目标；没有采用薪酬包的企业，员工往往只在乎个人绩效，对组织目标漠不关心，各自为战。

- 激励效果方面：采用薪酬包的企业，能够营造多劳多得的强预期，激励团队更加努力，创造更大的增量。管理者会觉得团队赚得多，带动公司赚得更多；员工会觉得人越少，个人收益越多。如果业绩不理想，团队能自觉接受薪酬降低的后果，不会抱怨连连。没有采用薪酬包的企业，即使给员工开再高的工资，因为个体与组织绩效没有产生关联，也不会对员工产生激励。员工会觉得人多好"摸鱼"，并且又不影响个人工资；经理会觉得人多势力大，因为并不用承担薪酬成本，由此造成"人效越来越低→薪酬越来越低→人员素质越来越低→人效越来越低……"的恶性循环。

- 管理促进方面：薪酬包分级管理下，由于薪酬包与价值创造弹性挂钩，各单元会主动进行灵活管理，形势好时不会盲目加人，形势差时会主动减人，这和管理者的利益是一致的，管理者也会愿意授权。没有采用薪酬包的企业，HR 把薪酬管理牢牢抓在自己手里，业务单元受到严重制约，双方经常进行对抗，造成极大内耗。

企业应该考虑自身情况，导入薪酬包管理模式，这不仅仅是弥补管理漏洞的需要，更是进一步强化激励效果、提升管理水平的需要。

既然采用薪酬包有必要，那为什么很多企业都没有这么做呢？可能有三个原因：

一是习惯和认知影响。长期以来，HR都习惯于从个体视角进行薪酬管理，经典的薪酬管理教材也是这样教的。很多人并没有"包"这个概念，认为薪酬最终是发给个人而不是发给集体的，所以自然要面向个体来设计和管理。传统的薪酬项目设计遵照图3-7所示的流程。

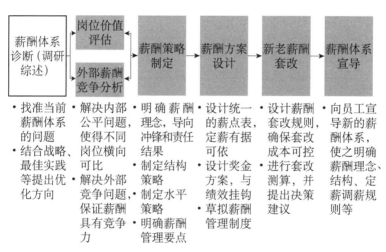

图 3-7　传统薪酬项目的设计流程

传统薪酬项目的设计流程以员工个体为中心，通过和外部对比保证竞争力，和内部对比保证公平性，内外结合制定薪酬水平和结构，生成薪点表，然后套改。这里面即使有薪酬包的概念，也只是全公司总体的薪酬包，是由全体员工的薪酬加总后形成的。

二是视角和能力局限。HR 的视角总是和管理者及业务部门相反，管理者是从上往下看的，认为应该从收益里切出一块作为薪酬包；而 HR 觉得薪酬包是个体薪酬加总后得出的。HR 很难站在管理者和业务部门的角度来设计薪酬包，渐渐地就缺失这方面的能力。

三是深层次原因——很多企业没法清楚地算出赚了多少钱、该分多少钱，无法形成"价值创造→价值评价→价值分配"的逻辑链条。有些企业可以算清总体薪酬，但很难分解到各部门。管理者不愿意大费周章去划小经营单位，价值评价这一步就中断了。

综上，许多企业无法建立起薪酬包机制。不是管理者喜欢把什么都抓在手里，很多时候也是因为无可奈何，烫手的山芋不知该丢到哪里，只好留着过冬了。

3.3 薪酬基准线

回看图 2-10，就会发现在价值创造部分，无论是授予制还是获取分享制，无论是组织薪酬包还是个体薪酬包，都和

3P1M 中的 M——市场的预测相关，3P 相对稳定，而市场具有很大的不确定性。因此，企业需要在不同场景下灵活控制组织层面的战略奖金包、经营奖金包和个体层面的奖金包——尽管它们在计算期内通常是线性的。这里就牵涉到企业数字化转型过程中有关薪酬基准线确定的问题。

3.3.1 薪酬基准线的分类

在国家层面，薪酬基准线是指企业货币平均工资的平均增长幅度，代表了一般水平；工资增长上线也可称为预警线，是指企业货币平均工资增长允许达到的最高幅度；企业货币平均工资增长的最低幅度，可以是零增长也可以是负增长。工资增长基准线适用于经济效益增长的企业，这类企业应按基准线的要求，妥善安排员工工资的正常增长。工资增长下线适用于经济效益下降或亏损的企业，但必须严格遵守国家有关最低工资规定。对于国有企业，工资增长上线（预警线）还有调控员工工资增幅的作用。

与之相对应，薪酬基准线分为三种：上线、基准线、下线。上线是指企业应按薪酬基准线的要求，保持与市场职位族同步增长。基准线是市场薪酬的平均数。在个体层面，它是上述 HR 视角中不同岗位的平均数——薪酬包；而在公司层面，它是管理者从上往下看的薪酬总包。公司典型岗位的薪酬与其他岗位不同，受市场薪酬波动的影响，所以 HR 为典型岗位和其他岗位设置的基准线也是不断变动的；而管理者根据年初情况对薪酬总包设定大致预期，产生差异在所难免。下线是指低于市场薪酬的平均数，但是不得低于各地的最低工资标准。企业必须严格遵守国家有关最低工资规定。

3.3.2　薪酬基准线的实际操作

职位的内部价值（用职位评价点值表示）需要与职位的外部价值（薪酬基准线）进行系统的比较，最终找到公司层面的基准线。薪酬基准线反映出职位评价结果与劳动力市场之间的关系，是薪酬包设计的基础。关键步骤如下。

1. 选取需要进行薪酬调查的职位

进行薪酬调查的第一步是选取需要进行调查的典型职位，然后从外部市场调查中获取这些典型职位的薪酬信息。典型职位的选取往往基于以下标准：

（1）典型职位必须能代表企业中所有职位（理解这一点很重要，就像在统计学中通过典型调查去推断整体状况一样）。

（2）典型职位应该容易进行界定，并有相对稳定的职责边界。工程师和销售员的职责迥然不同，这就为薪酬包的设计提供了良好的参照，否则会影响外部竞争性。

2. 确定薪酬调查的方法

很少有企业具备独立开展薪酬调查的实力，我国企业通常会聘请专业咨询公司进行薪酬调查，或者向咨询公司、网站等购买专业的薪酬调查报告。此外，由于缺乏行业协会，各地工商联难以自行组织薪酬调查服务企业，一些管理者和 HR 甚至通过 MBA、EMBA 的同行业学员获取真实信息。未来，实现各企业之间薪酬数据的共享，大幅提高所获得薪酬信息的真实性和准确性，是统一全国大市场的必需事项。

随着"一带一路"倡议的实施，中国企业加快了国际化步伐，企业中的外籍员工越来越多，企业外派人员也在增多，如何使得薪酬在国内甚至海外都具备竞争力是一个重要问题。由于聘请拥有数据库的国外咨询公司花费不菲，跨国企业在设计薪酬时可以使用美国劳工部网站上的数据。该网站收集了上千个典型岗位的描述和 KSAO（知识（knowledge）、技能（skill）、能力（ability）和其他个性特征（others）的英文首字母缩写），并且提供了每个岗位在美国 50 个州的实时薪酬数据，为薪酬包设计提供了一个锚定的标准。

3. 巧用薪酬调查结果

对调查结果进行数据统计分析得到市场平均薪酬，再结合企业的薪酬战略设计企业的薪酬基准线，这需要借助统计学得出公司层面典型岗位的薪酬基准数据和市场平均数据之间的线性关系（见图 3-8）。

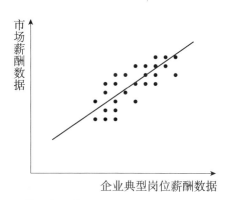

图 3-8　企业典型岗位薪酬数据和市场薪酬数据之间的线性关系

横轴是企业现有的典型岗位薪酬数据，纵轴是市场调查的薪酬数据，二者呈一定的线性关系。如果企业中典型岗位的现有薪酬与市场状况完全相符，那么这条回归线的相关系数就为1。从图 3-9 中可以看到所有数据点恰好都落在回归线附近，企业中一些典型岗位的薪酬高于市场平均水平，而另一些典型岗位的薪酬则低于市场平均水平。

3.3.3　企业的薪酬政策线

获得薪酬基准线之后，企业可以根据其竞争性的薪酬政策来确定薪酬政策线。所谓薪酬政策，是指企业的薪酬水平在相关劳动力市场上的定位。一般来讲，企业可以采用四种薪酬政策：

- 领先型：企业的薪酬水平高于相关劳动力市场的平均薪酬水平，常用处于劳动力市场平均薪酬水平的前 25 个百分位来界定。

- 匹配型：企业的薪酬水平与相关劳动力市场的平均薪酬水平大致相当，常用处于劳动力市场平均薪酬水平的第 25 ～ 75 个百分位来界定。

- 拖后型：企业的薪酬水平落后于相关劳动力市场的平均薪酬水平，常用处于劳动力市场平均薪酬水平的第 75 个百分位之后来界定。

- 混合型：企业针对不同岗位采用不同政策。无论国有企业、民营企业还是外资企业，大部分在实际中是三种政策并行的。

了解薪酬政策后，就需要尽量将企业的历史数据数字化，同时使用最小成本收集市场上与本企业职位相关的实时薪酬信息，这就是初始的薪酬基准线库。当然，HR 要有极强的沟通能力，管理者对薪酬基准线库的投入也不要有"肉痛"的感觉。舍得，舍得，有舍才能有得！例如，长安汽车为进行数字化转型，在企业资源计划（enterprise resource planning，

ERP）方面的投入达上千万元；三一重工为实现平衡计分卡的集成化和数字化花费不菲；中国外运在系统升级上的投入十分可观。这些大型企业都舍得投入，才有所回报。华为的数字化转型很成功，以下是《数点梅花天地春：账务小兵手记》中的描述：

结账系统自动调度数据，170多个系统无缝衔接，7大共享中心流程化运作，模型化、自动化地多维度校验数据。各共享中心利用时差优势，7×24小时不间歇地协同作业，交替完成结账活动。按三类会计准则（中国会计准则、国际会计准则、子公司本地会计准则）分别出具259家子公司的财务报告，并顺利通过外部审计师的验证。次月第5个日历天，5家核心公司的财务报告已出具，8大责任中心、15个地区部、130多个代表处的经营报告，已经高质量地推送到各位主管的手机应用上。

数字化转型对资金的要求较高，那么对于资金有限的中小企业，能否获得援手呢？答案是肯定的，国内的用友网络、金蝶国际等公司在行业深耕已久，对企业的数字化转型会起到重要帮助。此外，企业还可以将数字化转型工作外包，让专业的人来做专业的事。无论选择何种方式，为保证决策的科学性、准确性、合理性，企业应尽量基于企业数据做出薪酬决策。

在数据为王的时代，无论是外包还是自己动手，基于市场薪酬调查的数据，其处理难点都在于判断调查结果的信度。HR和信息中心的管理者要甄别调查数据，挖掘现有数据或者信息资源的价值。在对数据汇总与合并时，根据其可靠程度赋予各调查结果一定的权重，如对较为可靠的调查给予75%的权重，其他则给予25%的权重。注意事项如下：

（1）利用数据加固核心信息。不要忽视将自身的薪酬信息同其他数据源相比较的机会。调查本身就是一个比较的过程。

（2）按照数据分布特征判断信度。如果在特定职位上只有一个不具代表性的小样本出现，那么应该考虑降低该样本的重要性。数据分布越是紧密，比较对象的信度就越大。

（3）注意信息的连贯性。薪酬调查虽然有较强的时效性，但是以往的数据对判断新数据的信度可能会有很大帮助。因此，建议企业建立数据库，保证企业数据的连贯性。

至此，各位管理者和HR可以看到，薪酬包将原来的薪酬管理变成了薪酬治理。薪酬包拓展了原有价值分配的领域，并需要管理者从价值分配的视角倒推价值创造和价值评价的新方法，以保证"价值生成—价值评价—价值分配"的逻辑自洽。而HR则需要向下挖掘数据，做细做深做实。这就回到和薪酬包相连的价值分配之外的价值生成、价值评价的方法。薪酬包的设计是一个动态问题，还涉及中长期激励。因此，在说明了薪酬治理的方法后，在后续章节笔者将结合自己在深圳深国投商用置业有限公司（简称"深国投"）的咨询经历，阐述和价值链相关的价值创造、价值评价和价值分配问题。

第四章

薪酬包与价值创造

薪酬生成机制和价值创造息息相关，要想设计好分钱的方法，还得回到"钱从哪里来"这个源头上，并围绕薪酬包的延展思考以下问题：谁创造了价值？如何创造价值？价值的导向是什么？

4.1 谁创造了价值，如何创造价值

所有人都认同企业要基于价值贡献进行价值分配，但首要问题是：谁创造了价值？不同岗位、不同部门、不同业务板块的价值是如何创造的？

4.1.1 谁创造了价值

从人力资源管理视角来看，价值创造的主体是一般劳动者、知识型员工、企业家和资本方。这种划分方法有助于区分不同群体创造价值的特点，分别为不同的相关利益群体设计分配机制。接下来我们抽丝剥茧地分析和理解一般劳动者、知识型员工、企业家、资本方的价值创造。

1. 一般劳动者

一般劳动者是从事简单劳动、按照《中华人民共和国劳动法》要求录用的员工，他们与企业之间是受法律约束的雇佣关系。简单劳动接近于体力劳动，但不完全等同，通常容易被替代，是相对复杂劳动而言的。随着人工智能的出现，越来越多的体力劳动甚至脑力劳动逐渐被替代，所以不能把劳动简单区分为体力劳动和脑力劳动。

简单劳动与复杂劳动的本质区别是，简单劳动的投入与产出是线性关系。例如，一个工人 1 小时生产 10 件产品，在不改变作业条件的情况下，工作 2 小时生产 20 件产品，依此类推，每多工作 1 小时，就多生产 10 件产品。这种劳动的特征就体现了线性关系，只要工人停止劳动，产出就变为零。又如律师处理案子时需要翻阅法律条文，每天能处理的案子数量也是相对恒定的，他的投入与产出也是线性的，如果他不工作，就没有产出。所以一般劳动者创造的价值是有限的，与其投入的时间和精力相关，按照计件制或者工时制来分配价值是相对合理的。一般劳动者是按照既定流程和标准高效完成工作的人群，这个群体主要指职员和操作工，他们的劳动是简单劳动，属于一般的价值创造者。企业为他们支付与市场薪酬水平相当或者略高的薪酬。

2. 知识型员工

知识型员工从事的是复杂劳动。如果说简单劳动的投入与产出是线性关系，那么知识型员工的投入与产出就是指数关系。创新是知识型员工的主要工作，其投入与产出不是简单的线性关系，有可能产生超额回报。这种回报的产生与知识型员工的工作状态没有直接关系。他们可能在海边度假，然而产出还在继续。例如，华为雇用的数学天才似乎沉溺于电子游戏，受到多年的投诉。结果突然有一天他得出了 4G 的算法，为华为创造出巨大的财富，这是日复一日的简单劳动无法比拟的。知识型员工主要指这样的专家和相关主管，主管主要负责解决客户的问题、满足客户的需求。客户包括企业内部上游环节和下游环节的内部客户，也包括企业外部的客户、供应商及合作伙伴等。从事复杂劳动的知识型员工是重要的价值创造者，与企业不是简单的雇佣关系，而是合伙关系，他们是企业的中坚力量，是企业价值分享尤其是剩余价值分享的重要参与方。

3. 企业家

企业家在我国不仅仅指老板个人，还包括企业内部具有企业家精神的群体，主要指各个业务板块的一把手，即公司的核心经营管理层。企业家必须有使命感和责任感，以责任结果为导向，对业务目标的实现承担绝对责任，引领企业走向成功。他们主要的任务是通过洞察市场寻找机会，眼睛盯着市场和客户，引领企业持续发展，以达成企业目标。企业家从事的是更加具有挑战性的创造性活动，是事关企业全局的核心价值创造者。他们除了与知识型员工一样分享企业的剩余价值，还是企业经营权的主导者。

4. 资本方

资本方也是一个集合概念。在成熟的商业社会中，资本除了表现为企业发展的生产要素，还表现为产权的实现形式，资本方也就是企业的所有者，决定企业资源配置的原则和价值分配。资本方对于企业的价值创造表现在两个方面。一方面是为企业的发展贡献智力，在这个意义上，资本转化为知识资本，应该得到企业家和知识型员工的合理回报；另一方面，资本能够为企业的创新与发展提供资金保障，为企业的发展和获取超额收益承担了风险，即风险资本，因此应该获得超额回报，这也符合风险与收益相匹配的基本原则。

4.1.2　价值是如何创造的

企业的目的十分明确，就是保持竞争力，赢得客户的信任，在市场竞争中存活下来。存活下来的根本是，企业一定要有利润。但利润只能来自客户，所以企业必须以客户需求为导向，以客户满意为标准。从这个意义上讲，企业价值创造的源头就是为客户创造价值，企业的一切行为都要以客户满意度作为评价依据。要服务好客户，就要选拔优秀的员工，并让他们使出浑身解数。要使员工持续奋斗，就要让他们得到合理的回报。企业耗费心力整合社会资源，都是为了实现目标。短期来看，企业目标就是要实现销售收入、利润、现金流的有效增长；长期来看，短期目标的实现要有助于提升企业核心竞争力，有利于企业存活下来，实现战略目标。

企业是一个分工协作的组织，沿着服务客户的端到端流程，能够形成流程化的运作。在各流程环节和节点上，不同的部门和岗位创造的价值不同，对组织能力和个人专业水平的要求也不一样。这就需要针对不同业务、不同岗位、不同人群设计差异化的激励措施，建立有创造、有分享、多劳多得的回报机制。因此，企业需要基于分工确定责任中心，每个责任中心根据自己的定位确定科学的评价标准，牵引企业不断改进绩效，提升组织能力。任正非形象地将组织分为三级：（1）作战单元，直接负责完成公司的收入、利润、回款等经营目标，在客户层面作战，对最后的经营结果负责。（2）作战平台，为作战单元提供"炮火"，提供服务，并调动资源。负责资源和能力建设，同样对经营结果负责。（3）管理平台，对作战单元提供运营支持，赋能作战单元，不对经营结果负直接的责任。基于不同的责任定位，每个责任中心都有价值创造的目标和空间，并据此获得相应的回报。商场如战场，必须运筹帷幄，才能捷报频传！

4.2 价值导向是什么

明确价值生成的主体和源头，就理解了其包含的工资包和奖金包，即薪酬包。然而，企业和各个市场主体，或者利益相关群体不仅要明晰钱是从哪里来的，还要明确分钱所体现的价值导向是什么。这是分钱的前提，更是难题。

4.2.1 传统薪酬模式的价值导向

传统薪酬模式设计上的不足使其在价值导向上暴露出三大问题：

第一，薪酬设计缺乏层层相因和步步紧扣的流程，价值创造主体的作用被淹没。在纵向上，尽管企业确定了长远发展方向和总体战略，然而员工更多关注微观层面的整体薪酬；在横向上，管理者和 HR 常常把薪酬管理作为人力资源管理体系中的末端环节去思考对待，基于企业资源观，将薪酬来源简单等同于资源投入所带来的回报，忽视了人力资源的能动性、增量性。

第二，薪酬制度引导市场主体专注于内，忽视了薪酬治理的内外联动。在传统的薪酬制度中，工资和奖金更多地与职位、学历、职称以及工龄等因素相关，对个体薪酬包具有决定性的影响。而组织薪酬包外部缺少市场信号，内部缺乏协同，HR 关注企业的整体绩效而忽略了个体，将组织与个体隔离开来。企业尽管在薪酬管理上花费不菲，但收效甚微。

第三，薪酬水平平均化，薪酬与战略脱节。不患寡而患不均的固化思维对中国企业的薪酬观有着重要影响，使企业的薪酬水平与外部劳动力市场脱节。目前国内大部分企业只有个体层面的薪酬包方案，缺少部门和组织层面的薪酬包，导致员工只关注个体层面，忽视了对部门和组织层面的贡献。

在个体层面，常见薪酬包一般涉及提成制、目标薪酬制／目标年薪制等，其中，目标薪酬制常用于业务人员，目标年薪制则适用于职能部门。这些机制的短期收效较高，但长期投入产出比低。

部门层面除了传统意义上的部门薪酬包外，还可以基于项目发放薪酬，即以项目团队为单位，根据项目创造的价值设置薪酬包。

组织层面的薪酬包基于绩效，与人数、目标奖金、KPI 相关联，其缺点是年初设置的目标较低，且员工很难在组织层面增进对价值来源的理解。

为解决上述问题，需要理解授予制和获取分享制的不同。

4.2.2 授予制和获取分享制

图 4-1 列出了授予制和获取分享制的差异。

授予制

- 自上而下进行业绩评价和价值分配，事先确定好激励总额（通常为定额）和条件，容易滋生"以领导为中心"、下级迎合领导来获取利益的风气。
- 授予制的条件和评价一般取决于领导主观评价，需要针对性设计。一事一议，没有形成惯例和成熟的比例。
- 授予制一般来自事先的计算，例如根据员工现有薪酬水平，设计一个可接受的薪酬包，员工有一定的沟通谈判空间。

获取分享制

- 组织与个体的物质回报都来自其创造的价值和业绩，从价值创造中提取一部分供团队成员分享。作战部门根据经营结果获取利益，后台支撑部门通过为作战部门提供服务分享利益。
- 获取分享没有太多的条件。
- 获取分享制一般会形成固定的比例或者有规律的比例，薪酬包自动生成，公司与员工不用博弈。

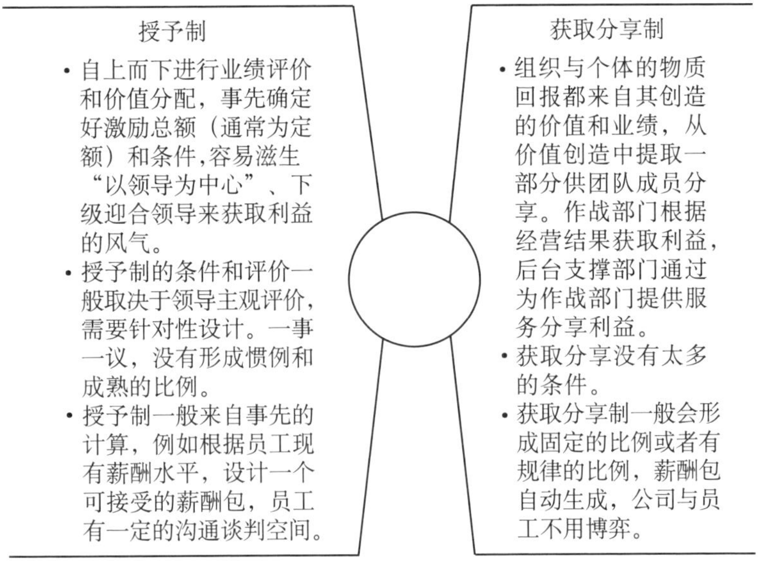

图 4-1 授予制和获取分享制的差异

授予制和获取分享制最大的区别在于，授予制下的薪酬包是由领导从上往下授予，获取分享制下的薪酬来自个人创造的价值和业绩。但二者也有相同之处，两种模式都鼓励员工多劳多得，并有明确的价值导向：薪酬是从市场上挣来的，不是付出了劳动就必然能获取的；薪酬是变动的，不是固定的。

传统薪酬模式站在个体层面，认为薪酬来自劳动力市场的交易，是成本，是上级给予的。而从人力资源战略层面看，薪酬则来自授予制和获取分享制两个方面（见第二章薪酬包的切分），开拓了视角后，分钱上升到了新的阶段。下面，我们通过介绍个体薪酬的分配依据，来体现分钱的价值导向。

4.2.3　个体定薪的依据：3P1M

1. 以岗位价值为主的付酬理念

以岗位价值为主的付酬理念主张依据岗位价值确定薪酬，其前提是每个岗位都有明确的工作职责，以此判断岗位对于企业的价值。以岗位价值为主的付酬理念有两个特点：

（1）建立在岗位价值评估的基础上。根据岗位评估得出的职级确定员工的薪酬，不管是谁，只要担任这一岗位，都只能拿到规定的工资。举例来说，清洁工的岗位价值评估为 3 500元，那么这个岗位的薪酬就是 3 500 元，即使博士来做清洁工，最多也只能得到 3 500 元。

（2）薪酬随着岗位的变化而变化。举例来说，假如清洁工发现自己适合做资深工程师，资深工程师的薪酬是 30 000 元，那么他转岗到资深工程师后，薪酬就随着岗位的变化而变化为 30 000 元。

从上述例子可以发现，以岗位价值为主的付酬理念适合岗位职责相对稳定的企业，通常是比较传统的企业。

以岗位价值为主的付酬理念，其优点主要体现在以下方面：

（1）能体现岗位的真正价值。明确岗位的价值，相较过去以行政级别付酬的理念来说是一个极大的进步，有效消除了行政级别一刀切的弊端。某国有企业将部门经理的职级全部定为 9 级，薪酬统一定为 11 800 元 / 月。然而不同的部门经理对企业的价值不同，经过岗位评估发现：有的部门经理岗位价值更高，可以评到 13 级；有的部门经理岗位价值更低，只能评到 7 级。前者应该获得比后者更高的薪酬。

（2）建立了内部公平的标准。通过岗位价值评估，每个岗位都能得到一个评估结果，即职级。同样职级的薪酬具有可比性，这样就建立了内部公平的标准。把不同部门的岗位进行比较，把同一部门不同的岗位进行比较，以岗位价值为基础支付薪酬就能体现内部公平性，减弱员工的不公平感。

这一理念的缺点归纳起来主要有如下几点：

（1）岗位的个体能力差异在薪酬中得不到体现。以岗位价值为主的薪酬体系，只强调岗位价值，忽略了个体能力的差异。比如担任人力资源经理的个人，存在能力差异，能力强和能力弱的人不应该拿一样的工资，应该有所区分。

（2）个体在岗位的绩效表现在薪酬中得不到体现。员工工作结果在薪酬上没有体现出任何的差异，只要岗位价值一样，个体的工资也一样。

（3）岗位是否有市场竞争力得不到体现。员工的薪酬没有与市场上同岗位的薪酬进行对标，体现不出对核心员工的激励。

2. 以个体能力为主的付酬理念

以个体能力为主的付酬理念主张依据员工能力大小支付薪酬。随着知识经济时代的到来，传统依靠岗位定薪的理念越来越难以适应知识型员工。有些高科技企业的工程师岗位职责都一样，能力却相差较大：有的工程师能解决疑难杂症，有的工程师却只能解决一般问题。如果给他们支付同样的薪酬，对前者来说就是不公平的。

21世纪，员工能力已经成为企业的核心竞争力，企业与企业之间的竞争其实就是员工能力的竞争，越来越多的企业在设计薪酬时开始考虑个体能力的差异。

以个体能力为主的付酬理念主要有以下优点：

（1）能激发员工不断提升自身的潜能。薪酬与能力挂钩，员工就会不断提升能力，以获取更多的薪酬。

（2）有利于岗位轮换与员工职业生涯发展。薪酬与能力挂钩，员工轮岗后只要能力出色，一样可以拿到较高的薪酬，不会受制于某一固定岗位，这样更加有利于员工全方位发展。

（3）有利于适应公司战略调整的需要。以个体能力为主的付酬理念淡化了岗位的概念，人力可以灵活调整，公司战略调整时不需要大幅调整岗位。

以个体能力为主的付酬理念也存在一些不足：

（1）对企业的管理水平提出了更高的要求。企业需要明确界定各种所需能力，并且有相应的工具和标准对这些能力进行细化和评估，否则无法兑现和实施按能力付酬。以个体能力为主的付酬理念一般实行宽带薪酬，但企业要结合自身情况，不可盲目套用。

某大型房地产企业实施以个体能力为主的宽带薪酬体系，HR经理的月薪在8 000～20 000元。该薪酬体系并不合适，HR经理的薪酬差异过大，实际上可以将月薪设在8 000～12 000元。薪酬宽带过宽夸大了能力差异对企业起到的作用，可能带来成本浪费。很难说清在什么情况下定薪

20 000 元，什么情况下定薪 8 000 元，在实际定薪的时候又会产生拍脑袋的情况。所以企业应仔细斟酌宽带薪酬体系与自己的适配性。

（2）容易增加企业薪酬成本。以个体能力为主的付酬理念基于一种假设：员工的能力决定了其创造的价值，能力越强，创造的价值越高，为企业带来的回报就越大。举例来看，假如某 HR 经理的能力值年薪 100 万元，企业会聘请吗？如果企业是以个体能力为导向付酬的，则会聘请该经理并支付薪酬成本100 万元。而从企业的发展来看，可能只需要聘请一个年薪 20万元的普通 HR 经理就能解决问题。相差的 80 万元就是多余费用，浪费了企业的薪酬成本。

（3）容易造成晋升困难。职位晋升对员工来说是一种相当重要的激励手段，对于知识型员工或薪酬达到一定水平的员工来说更是如此。但是以个体能力为主的付酬理念在职位设计方面偏向扁平化，导致职位晋升的机会很少，员工很难晋升，甚至始终都在同一个岗位上工作，难以获得晋升带来的成就感，激励效果受损。

3. 以绩效为主的付酬理念

以绩效为主的付酬理念主张依据绩效的高低支付薪酬，这种理念通常适用于营销类岗位。

以绩效为主的付酬理念主要有以下优点：

（1）体现了能力差异对薪酬的影响，对员工起到了鼓励优秀、鞭策落后的作用。这种付酬理念激励效果最强，能极大激励员工付出努力，从而获得回报。

（2）降低了企业的薪酬成本。以绩效为主的付酬理念是基于员工的绩效高低付酬的，员工如果绩效表现很差，可能只能拿较少的工资，这就大大降低了薪酬成本，为企业节省了无效开支。

以绩效为主的付酬理念也存在一定的局限性：

（1）忽略了薪酬的生活保障功能。在以往以绩效为主的付酬理念下，很多企业给员工零底薪。随着国家相关劳动法规的完善，企业变相地改为，员工只拿最低工资标准的固定薪酬，其余部分完全靠业绩决定。这对员工来说是没有安全感的。无论是否因员工个人原因造成绩效变差，薪酬都会降低，甚至难以覆盖员工的生活支出。这会带来很大的不稳定因素，员工会认为在公司得不到基本保障而离职，导致企业的员工流失率上升。

（2）不是所有工作成果都能用绩效来体现。一些职能类岗位，绩效标准本身就不易衡量，其价值难以用量化的绩效来评估。另外，有些企业的绩效体系并不成熟，员工会对分钱方法产生不公平感。

4. 以市场为主的付酬理念

以市场为主的付酬理念主张薪酬依据市场水平而定，并根据企业的承受能力采取不同的薪酬策略。

以市场为主的付酬理念主要有以下优点：

（1）薪酬数据与市场数据进行对比，便于企业选择相应的薪酬策略。企业要给策划经理定薪酬，就会先收集市场上策划经理的薪酬水平，了解不同分位的薪酬，考虑企业自身定位在什么分位，应该采取跟随策略、竞争策略还是滞后策略。通过这种方式企业就能采取既符合自身情况又贴近市场水平的薪酬策略。

（2）便于招聘员工。以市场为主的付酬理念是根据市场水平设计薪酬的，因此在招聘员工时具有针对性，对于核心人才能根据市场形势给出有竞争力的薪酬。

当然，以市场为主的付酬理念也存在一些缺点：

（1）不能脱离职位价值单独使用。企业定薪时，尽管可以参照市场数据，但是如果有成百上千个职位，那么企业就需要对标成百上千次，非常复杂。如果能够引入职位价值的概念，把上千个职位全部放入一张职位等级矩阵表中，只需参照市场上各个职位职级薪酬的市场水平即可，薪酬设计就会变得十分方便。

（2）没有考虑员工能力的个体差异性。以市场为主的付酬理念仅得到了某个岗位的市场薪酬数据，无法平衡员工能力的个体差异性。例如，企业了解到策划经理在市场上各分位的薪酬水平后，将年薪设为 25 万元。是不是任何人担任策划经理的年薪都是 25 万元呢？显然不应该，合理的做法是结合员工能力的个体差异设置薪酬区间。

（3）没有考虑员工绩效的差异性。员工绩效表现的好坏应该在薪酬中有所体现。以市场为主的付酬理念忽略了员工绩效表现的差异，做得好坏都拿一样的薪酬，这会打击员工工作的积极性。

综上，打造集 3P1M 于一体的薪酬体系就成为不二之选。鉴于每种付酬理念都有其优势和局限，为了更好地取长补短，通常将 3P1M 打造成一个整体，形成你中有我、我中有你的格局。这种融合式的薪酬体系，充分考虑了岗位价值、能力、绩效与市场等综合因素，更加科学合理（见图 4 - 2）。

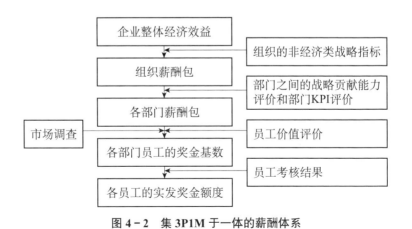

图 4 - 2　集 3P1M 于一体的薪酬体系

沃尔玛的创始人山姆·沃尔顿（Sam Walton）曾在自传中提到一条相似的原则："越与员工分享利润，公司的利润就会越多。"按照正常的逻辑来说，利润应当是越分享越少的，为何越分享越多呢？其实答案很简单——做大蛋糕。这和授予制与获取分享制的内核相统一，并与 3P1M 的介绍相一致。

在授予制下，员工获得的基础工资综合了岗位评价结果、劳动力市场价格、员工过去的工作绩效等多种因素，因此是反映个人对组织的价值和贡献的综合性衡量指标。企业可以根据基础工资的一定比例确定年终奖金的基数。一般来说，在员工个体薪酬包中，基础工资和奖金的比例在 7∶3 较为合适，即年终奖金发放的基数大概为员工月度基础工资的 5 倍。

基于个体层面的薪酬仅考虑了个体的价值、贡献和业绩，因此无法避免传统个人奖励计划的弊端，无法有效促进团队合作及组织整体业绩的提升和改进。为了弥补这种缺陷，笔者在为企业提供咨询实践时提出，现代企业在制定内部个人奖励体系时，需要综合组织、部门和个体三个层面的贡献和业绩设计奖金系统，也就是用授予制考虑基础工资和绩效工资，用获取分享制考虑奖金，具体步骤包括：

（1）根据企业整体经济效益确定可以发放的奖金，再根据组织的非经济类战略指标数据，确定能够用来进行奖金发放的比例，从而确定企业的总体奖金包。

（2）在确定总体奖金包的基础上，企业需要进一步将奖金包分配到各部门。分配的主要依据是各部门对企业战略的贡献，这就需要对各部门的战略贡献能力进行评价。比如，通过评价，将组织内各部门的分配比例界定为 1.2：1.0：0.8，那么部门的平均奖系数分别为 1.2：1.0：0.8。这样结合各部门的人数便可得到各部门的奖金包。计算公式如下：

$$\text{部门 } i \text{ 的可发奖金包} = \frac{\text{部门 } i \text{ 的奖金系数} \times \text{部门 } i \text{ 的人数}}{\sum_{j=1}^{n} \text{部门 } j \text{ 的奖金系数} \times \text{部门 } j \text{ 的人数}} \times \text{公司的总体奖金包}$$

（3）部门 i 的可发奖金包不能代表部门 i 实际能够发放的奖金包，还需要根据部门 i 的 KPI 考核结果确定实发奖金包。当业绩高于组织期望时，部门 i 就能够得到超额奖励；反之，就要从奖金包中扣除一部分。

（4）在得到各部门实发奖金包的基础上，需要进一步进行部门内部人员的奖金分配。部门内部奖金分配需要对部门人员进行价值评价，通常可以采用两种方式：一种是根据职位评价点值来进行；另一种是以部门内各员工的基础工资作为依据。具体方式可以参考组织奖励的内部分配方法，在此不再赘述。

（5）经过以上步骤后，就可以得到每个员工的奖金基数，然后结合员工的年度考核结果，确定奖金的实际发放额度。

4.3　操作实例：勇于变革的深国投

深国投作为国内知名的商用地产开发公司，是沃尔玛在中国最大的合作伙伴，近年来通过与华纳、凯德集团、普洛斯、西蒙地产和摩根士丹利等众多国际知名公司建立长期友好合作关系，发展出"金融＋商业＋开发"的"3+"模式，在中国商用地产领域取得了非凡的成就。

深国投的高层领导在对公司未来的发展战略进行系统思考后，确立基本思路与关键对策，同时立足现实，积极求变，希望通过完善人力资源管理体系来激励员工，提升管理水平，为公司持续、快速、健康发展奠定坚实的基础。为此，深国投和中国人民大学、深圳大学组成了课题组，共同进行"人力资源变革"的课题研究。

经过前期薪酬诊断和一系列内外部调研，课题组成员到访郑州、青岛、重庆和北京的沃尔玛在建项目分公司，对一线高管团队和当地员工进行访谈，对公司人力资源的整体业务进行诊断，然后对标市场最佳实践开展工作。

深国投成立初期商业地产行业较为平静，但是公司高层发现了市场机会，确定了发展战略。然而，如何层层传递战略目标，并且不折不扣地执行是个难题。此外，国有企业的薪酬发放大多采用从上到下的授予制，在市场上缺乏竞争力，影响了员工的积极性。当沃尔玛的项目增多时，公司管理的短板开始暴露，员工缺乏主动性，而多求助于上级领导，不利于打造公司的核心竞争力。甚至，深国投内部一开始围绕经营商业地产到底是房地产公司还是投资公司而争论不休。如果是前者，那么工程部是龙头；如果是后者，那么融资部就是中心。孰轻孰重，实际上反映出商业地产创造价值的人群类别。"金融＋商业＋开发"的模式决定了金融和房地产专业的技术和管理骨干是创造价值的主体，课题组通过管理沟通逐渐让员工意识到这一问题。接下来，如何评估各地的分公司和总部职能部门中每个岗位上的员工创造了多大价值呢？

在对深国投的战略管理、预算管理、审计管理、人力资源管理等领域做完诊断后，课题组首先调整了组织结构。以下是深国投组织结构的变化图（见图4-3和图4-4）。

深国投组织结构调整的初衷在于调整总部的集中管理模式。以前是重经营、轻管理，唯项目是举，在战略、预算、审计、

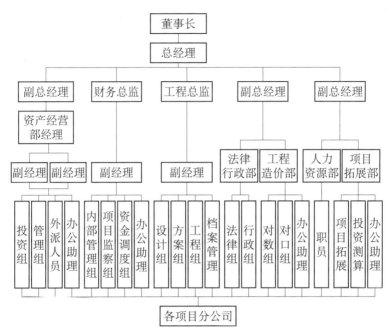

图 4 - 3　深国投变革前的组织结构图

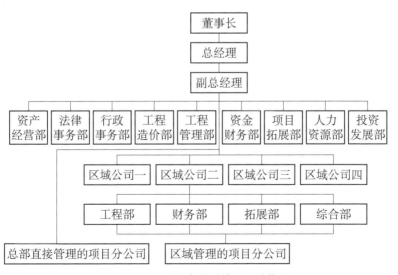

图 4 - 4　深国投变革后的组织结构图

控制等方面都没有赋予项目分公司真正独立运作所需要的权限，限制了分公司业务发展的空间。例如沃尔玛郑州分公司的高管团队由总部派出，然后在当地招募分公司中层和一线员工。外聘人员的选拔、培训、绩效和薪酬最后都是由公司总部 HR 和派出的高管团队共同确定。由此产生两个难题：第一，分公司的高管团队需要每个月回总部汇报项目进展，不堪其烦。第二，区域经理无法决定各个地方招聘员工的薪酬、福利发放，导致人才大量流失。

对此，课题组对标万科进行分析，以下是万科当时的情况。

万科从 1994 年开始实施投资决策权与经营权分离，投资决策权全部放在总部。各地分公司的信息直接上传总部，人员、资金、专业性的把握都由总部决定。十年集权，固然保证了万科很多重大决策的顺利实施，但也错过了很多机会，损失了很多效率。

2005 年发展到 40 多个项目同时运作时，很多事情总部无暇顾及。因此，万科的组织结构变化采取"推倒重来"的方式，万科的经营战略、组织结构、企业文化等各个层面都发生了改变，新的组织结构分为四条主线：产品线、运营线、管理线、监控线。产品线负责从产品的客户分析、规划设计，到工程管理、营销的全过程；运营线负责融资、财务安排、运营管理、企业发展战略规划；管理线包括人力资源、物业、客户服务、总经理办公室等；监控线负责公司的内部审计、风险防范以及党务工作。另外董事会办公室负责投资者关系、媒体关系和研究工作。

其中，项目管理部有三部分职责：计划信息管理、制度管理和专业管理。如收集各分公司的计划和项目产品线信息；制定、发布、监控集团产品线的所有项目管理制度；负责集团内除上海、深圳区域外各分公司的产品线专业技术决策。

和深国投相似，转变组织结构后，万科资金管理中心成为集团内最先与国际资本合作的部门，在推动万科提升项目管理水平方面起着非常重要的作用。

万科组织结构调整的主要目的就是让成熟的区域中心享有包括人员安排、投资以及专业化施工等多方面的权利。因为随着业务的发展，一些地区性的分公司开始发展，比如上海、深圳的分公司，它们的规模越来越大，管理越来越成熟，在这种情况下，总部对问题的敏感度不如当地一线团队，放权在所难免。

从组织设计的角度，深国投和万科一样需要分权。随着公司覆盖的区域越来越广，为了适应迅速变化的市场形势的需要，深国投成立了区域公司划片管理机制，向下授权。并且，对于增长潜力大的区域项目，将其变成总部直接管辖的项目分公司（子公司），给派出人员 1% 的股权。

组织调整是为了进行整体的人力资源管理变革，而解决深国投的薪酬制度是重中之重。

比较了授予制和获取分享制两种价值取向之后，课题组拟定个体薪酬包中的工资部分采用授予制，然后在奖金分配上锚定人均利润，使用获取分享制提升决策层、管理层和操作层的奖金，让薪酬包的设计能够引导企业和员工共同发展，收入水涨船高。

3P1M 的薪酬管理原则认为，员工对企业所做出的价值贡献（包括过去、现在和将来）主要体现在三个方面：一是所在职位承担的责任；二是员工对于所在职位而言所具有的能力水平；三是员工在职位上的工作绩效表现。薪酬通常还要考虑外部竞争力，要与市场上同行业、同专业的类似职位进行比较。具体操作以深国投为例进行阐述。

（1）变动职级：由 3 个职级变为 5 个职级，具体如图 4-5 所示。

公司原有的层级划分适用于成立初期人数少、项目少的情况。而后期由于规模扩张，公司人员急剧增加，原有的 3 个职级不能满足未来发展的要求。因此将原有的 15 级正式员工以及

6 级试用员工共 21 级员工整合为现在的 5 个职级，以期为员工建立职业发展通道，更有利于进行薪酬设计。

（2）扩大职位序列：横向上划分为 4 个序列，具体如图 4-6 所示。

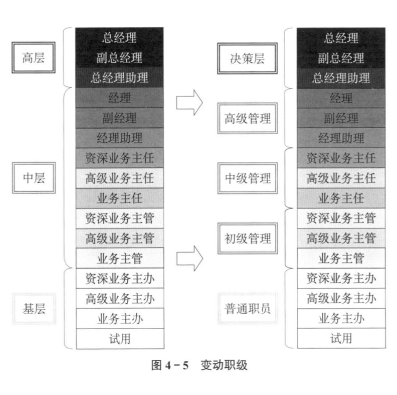

图 4-5　变动职级

图 4-6　扩大职位序列

将所有员工分为 4 个序列，不仅可以通过薪酬来体现每个序列对公司的重要程度，还可以通过不同的序列拓宽员工职业发展通道，重要的是解决了只有提拔职务才能涨薪酬的"官本位"思想，鼓励员工在不同序列中晋升并得到发展。值得注意的是，职位序列的划分并非按部门进行，而是按职位进行。

（3）调整薪级：从 14 类调整为 7 个薪级，具体如图 4-7所示。

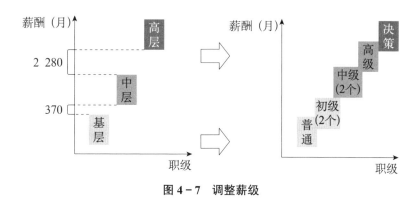

图 4-7　调整薪级

过去，薪酬从基层、中层到高层都有断层，这不符合薪酬设计的思想。假如有过多的员工集中在中层，由于高层职位有限，中层员工就会产生巨大的晋升压力。所以，要将薪酬在各个层级中设置重叠部分（即宽带薪酬），稳定军心。同时针对公司在初级、中级人数较多的特点，分别设计了 2 个薪级，总的薪级数达到 7 个。

（4）整体薪酬变动：拉开差距，交叉过渡，具体如图4-8所示。

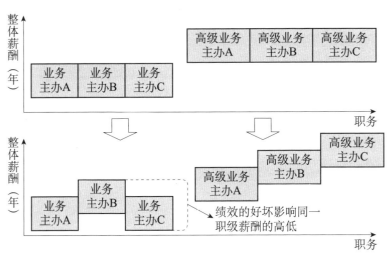

图4-8　整体薪酬变动

以原有薪酬制度中的业务主办、高级业务主办为例，所有业务主办，无论年功、绩效如何，每年拿到的薪酬数额是相同的，高级业务主办绩效再差也比绩效最好的业务主办年度整体薪酬总额高。薪酬设计变革的目标是拉开同职级之间的差距，实现相邻职级之间的交叉过渡，让薪酬和绩效挂钩。

（5）薪酬结构变动：简化工资类别，具体如图4-9所示。

在对所有内容进行整理后，薪酬结构大大简化。外派津贴的本质仍然是福利，但是为了激励员工到省公司、合资公司锻炼，特将为外派人员提供的津贴单列，因此新的薪酬结构由6

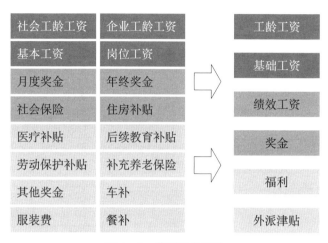

图 4 - 9　薪酬结构变动

个部分组成。

　　在深国投和课题组的共同努力下，公司组织结构、薪酬结构变革顺利完成，助力深国投驶上健康发展的快车道。

第五章

薪酬包与价值评价

谈到价值评价，很多人不由自主地想到绩效考核，这是一个很大的误解。正是这个误解，让我们深陷绩效考核的各种"坑"不能自拔。绩效考核是绩效管理的手段，不等于价值评价。很多企业花费了很大的力气在企业内部搞绩效考核，并根据考核结果分配价值。但是，唯绩效考核的价值评价，不但不能正确评价贡献，还往往会扭曲价值创造与价值评价的关系。价值评价应该既注重过程导向，也注重结果导向。

在企业中，只要是设计的岗位，就有它存在的必要，就要承担一定的责任，也必有相应的产出。员工做得怎么样、产出如何，是周边及上下游同事甚至客户评价出来的。薪酬包的价值评价横向上要从过程和结果两个层面进行，纵向上要涉及个体、团队、组织三个层面，进而决定员工的价值分配。

第四章讲到了授予制和获取分享制。在授予制下，自上而下的 KPI 考核迄今仍然是行之有效的方法；而自下而上、上下往复的获取分享制催生了目标与关键成果法（objectives and key results，OKR）这一评价方法。在团队考核上，沿用已久的平衡计分卡法也暴露出不足。团队激励在过程上更多与收益分享相连，它是一种连带个体、团队和组织的评价方式；而在企业层面，出现了经济增加值（economic value added，EVA）法、标杆超越等新方法。这些方法与薪酬包的预算和成本控制息息相关，在企业数字化转型过程中，薪酬包的评估既侧重过程又侧重结果，并能实现实时和敏捷的数据获取，大大方便了薪酬包的评价和分配。本章将对个体层面 KPI 与 OKR 的比较、团队层面收益分享计划与平衡计分卡的比较、组织层面的薪酬预算控制这些和薪酬包评价方式相关的内容加以介绍。

5.1　KPI 和 OKR 的比较

薪酬包的价值评价离不开 KPI，KPI 应用广泛，可以帮助企业进行价值评价，但也存在一些缺点。

5.1.1　关键绩效指标

基于过程的 KPI 主要决定员工的固定收益，包括工资、股权分配、福利、人事待遇、学习机会等；基于结果的 KPI 主要决定员工的浮动收益，如奖金、分红等。前者按照员工的能力

（通过任职资格来评价）匹配某个岗位，员工承担岗位责任。因为结果具有不确定性，所以不能完全根据结果来事后支付报酬。在没有产生结果前，企业需要为员工的能力和责任支付基本的报酬，即固定工资，为员工提供基本的生活保障。但结果的好坏决定员工的浮动收益，做到奖勤罚懒。员工持续产出好结果证明其有较强的能力，员工会因此得到晋升，其固定工资就会进一步提升。更高的岗位和更多的责任又会让员工有机会做出更大的贡献，分享更多奖金或者分红等。

薪酬包从上到下使用 KPI 来衡量结果和过程，员工比较关注过程，没有功劳也有苦劳；而管理者和 HR 更关注结果指标。从过程来看，价值评价主要包括价值观评价、任职资格评价（能力评价）、劳动态度评价，这些评价是"冰山"下的评价，是对员工未来能否做出贡献的潜在价值的评价。具体包括：

（1）基于价值观的价值评价。价值观评价是员工晋升的底线，越是向高层晋升，越需要在价值观方面进行长期的全方位考察。价值观评价往往通过关键事件进行，核心是考察当企业利益与个人利益发生冲突时，员工能否站在企业的立场上考虑问题，放弃个人利益，服从整体利益。价值观评价是权力分配的重要依据，是决定能否升职的关键。阿里巴巴就是基于价值观考核的典型案例。

（2）基于任职资格的价值评价。任职资格评价即能力评价，是对员工是否符合岗位任职要求进行认定和评价，分为管理线和专业线两个角度，前者考察员工是否符合某层级管理岗位的任职要求，后者考察员工是否符合专业岗位的任职要求。任职资格评价决定员工的固定薪酬，即工资和各种津贴。在深国投的案例中，深国投缺乏完整的任职资格评价体系，因此课题组在调整好组织结构后，明确了部门和岗位职责，继而根据深国投的情况确立了任职资格标准（见表5-1）。任职资格标准发挥以下作用：作为培训需求的重要来源，培训体系根据各类别任职资格标准的要求进行课程体系建设；作为职位说明书任职要求的补充和细化，用于辅助确定拟聘职位的考察标准；指导员工日常工作的改进；决定员工薪酬和配股上限。

（3）基于劳动态度的价值评价。劳动态度评价考察员工的努力程度，评价员工是否愿意奋斗，是否诚实守信、不弄虚作假。劳动态度评价决定员工的成长机会分配，包括学习机会、轮岗机会等人事安排。深国投每年对员工进行一次劳动态度评价，先由员工使用劳动态度自检表进行自评，然后进行集体评议。表5-2列出了深国投的工作态度评价标准。

表5-1　深国投的任职资格标准

职级名称	职级定义	内容	管理序列	工程序列	专业序列	经营序列
决策层 A (7→1)	统筹公司的重大经营活动，保证公司重要经营活动合理、结果有效；或自由独立分管部门中困难并负有责任的工作，并在此方面表现有领导能力及特殊成就	学历	本科及以上			
		司龄	≥2年			
		经验	≥10年相关岗位经验与资质证书			
高级管理 B (7→1)	在一般监督下，从事公司中困难并负有责任的工作；或在管理、工程、专业、经营方面，担任重要的工作，并需具有相当的训练和监督能力或其他经验、业务较复杂，且需原理性的工作知识，及相当程度的独立判断能力	学历	本科及以上	本科及以上	本科及以上	本科及以上
		司龄	≥1年	≥1年	≥1年	≥1年
		经验	≥6年相关岗位经验与资质证书	≥6年相关岗位经验与资质证书	≥6年相关岗位经验与资质证书	≥3年相关岗位经验与资质证书
中级管理 C (7→1)	在一般监督下，从事公司中困难并负有责任的工作；或在管理、工程、专业、经营方面，担任较为重要的工作，并需具有相当的训练和监督能力或其他经验，且需广博的工作知识，及相当程度的独立判断能力	学历	本科及以上	本科及以上	本科及以上	本科及以上
		司龄	≥1年	≥1年	≥1年	≥1年
		经验	≥3年相关岗位经验与资质证书	≥3年相关岗位经验与资质证书	≥3年相关岗位经验与资质证书	≥3年相关岗位经验与资质证书

续表

职级名称	职级	职级定义	内容	任职资格			
				管理序列	工程序列	专业序列	经营序列
中级管理	D (7→1)	在直接或一般监督下，从事公司中等困难及负有责任的工作；或在管理、工程、专业、经营方面，并需具有适度的训练和监督能力或其他经验，且需一定的工作知识，及独立判断能力	学历	本科及以上	本科及以上	本科及以上	本科及以上
			司龄	≥1年	≥1年	≥6个月	≥6个月
			经验	≥2年相关岗位经验与资质证书	≥2年相关岗位经验与资质证书	≥2年相关岗位经验与资质证书	≥2年相关岗位经验与资质证书
	E (7→1)	在直接或一般监督下，从事公司中较为困难及稍具责任的工作；或在一定范围内担任较次要的工作，并需具有某种训练或经验，及略微的判断能力	学历	本科及以上	本科及以上	本科及以上	本科及以上
			司龄		≥1年	≥6个月	≥6个月
			经验		≥1年相关岗位经验与资质证书	≥1年相关岗位经验与资质证书	≥1年相关岗位经验与资质证书
初级管理	F (7→1)	在直接或一般监督下，从事公司中略为困难及稍具责任的工作；或在一定范围内担任较次要的工作，并需具有某种训练或经验，及略微的判断能力	学历	本科及以上	本科及以上	本科及以上	本科及以上
			司龄		6个月及以上	6个月及以上	6个月及以上
			经验		≥6个月岗位经验	≥6个月岗位经验	≥6个月岗位经验

续表

职级名称	职级	职级定义	内容	任职资格			
				管理序列	工程序列	专业序列	经营序列
普通职员	G（7→1）	在直接的监督下，运用有限的判断，从事公司中的例行工作；或在工程、专业、经营方面担任所需训练或经验较为次要的工作。	学历		大专及以上	本科及以上	本科及以上
			司龄		3个月	3个月	3个月
			经验		≥3个月岗位试用	≥3个月岗位试用	≥3个月岗位试用

表 5-2　深国投的工作态度评价标准

考核项目	考核要素	考核重点	成绩划分			评分
			等级	评价	分数	
工作态度	协作精神	对其他部门给予协作的努力程度	• 是否能主动配合其他部门工作 • 是否能与同事合作完成任务	S	优秀	5	
				A	良好	4	
				B	尚可	3	
				C	较差	2	
				D	很差	1	
	纪律性	遵守各种规章制度	• 是否服从领导正确的指令和指挥 • 是否理解并遵守各种规章制度 • 是否忠于职责，甚至完成职责之外的事	S	优秀	5	
				A	良好	4	
				B	尚可	3	
				C	较差	2	
				D	很差	1	
公司高层最后确定的分数			直接分管领导评定的分数				
改进意见	此部分由直接分管项目经理的领导填写：						

我已经同该项目经理本人讨论过这份考核表中的全部内容。

副总经理签名：　　　　　　　　　日期：

（4）基于结果贡献的价值评价。员工的价值观、能力、劳动态度评价是潜在的价值评价，是对员工未来可能做出贡献的前置性评价，主要决定员工的基础薪酬或者固定薪酬。员工虽然具备未来做出贡献的潜在价值，但更重要的是其能否实现期望的价值贡献。这就需要建立基于结果贡献的价值评价机制。基于结果贡献的价值评价分为个人结果贡献评价和企业结果贡献评价，即个人绩效评价和企业绩效评价。个人绩效受到企业绩效的约束，所以企业绩效评价往往要优先于个人绩效评价。个人做得再好，如果所在的企业或者团队绩效不好，那么个人的绩效评价也会被拖累。有些企业花费精力推行绩效管理，给每个员工都设立指标，指标的打分精确到小数点后两位，看似科学严谨，其实是徒增管理成本，没有效益。很多指标都是数字游戏，无法判断其合理性，所以出现"人人完成指标，企业目标没完成"的尴尬局面。绩效管理的重点是企业绩效管理，而不是个人绩效管理。个人绩效管理权限要下放到主管，只要企业绩效偏差不大，个人评价由主管负责即可。

很多企业的绩效管理指标非常复杂，考核部门所有的正常职责。其实这往往衡量的是部门管理的规范性，而不是有效性，如输出多少流程、制定几项制度等。考核指标少则七八个，多则超过 20 个，对考核指标不加筛选也就等于没有考核，因为部门难以抓住工作重点，最后只能流于形式。战略贡献往往无法用当期的经济指标进行评价，例如为限制竞争对手牺牲了当期的利润，导致某个项目出现小幅亏损。这种亏损对公司长远发展是有意义的，会让未来的市场土壤变肥，所以不能因为担心影响当期利润考核而不去做，进而失去未来的商业机会，甚至被对手抢夺市场或者被价格战击溃。因此，战略贡献必须单列考核，避免被淹没在考核指标中。

很多企业的绩效管理只关注一堆杂乱无章的指标，无法评价指标的合理性，很容易被牵着鼻子走。绩效管理的灵魂是业绩改进，要与客户需求比、与历史数据比、与同行企业比，看当前的差距在哪里，改进的幅度有多大，改进的路径是什么。改进的内涵就是增量绩效，增量绩效的外延是经营有增长（收入、利润、现金流增长）、管理有增效（人均效率、费用效率提升）、业务有增值（新业务有突破、客户满意度有提升）。很多企业花了精力推行绩效考核，进行目标管理，忙得不亦乐乎，最后是竹篮打水，失败的主要原因是绩效管理没有与激励机制挂钩。要将绩效考核的结果应用到价值分配中，使企业绩效影响企业的利益分配，使个人绩效影响个人的利益分配。

需要注意的是，只有基于事前的工作分析，才能满足一岗一考核的薪酬包要求。一岗一考核的核心是岗位创造的价值不一样。对于每个部门的一把手，尤其是直接面向市场的一线业务部门负责人，硬性要求就是要打胜仗，完成公司的经营目标，以实际结果说话，没有任何模糊地带和灰度。直接创造价值的部门一把手应该进行绝对结果考核，没有结果的努力是对公司资源的浪费。但是对于辅助部门，如财务部门、人力资源部门、供应链部门、基础研发部门等中后台来说，它们不是公司业绩的直接创造者，工作结果也很难度量，因此不能使用绝对的结果考核，而是要考核相对结果，既承认他们努力的过程，也关注他们努力的结果，于是目标与关键成果法应运而生。

5.1.2　目标与关键成果法

OKR 是一套定义和追踪绩效目标完成情况的绩效管理工具和方法，旨在确保员工紧密协作，把精力聚焦在促进个体、团队和组织层面可衡量的价值贡献上。OKR 的引入为我国企业提供了新的绩效管理方案，在实践中也为企业创造了不凡的管理价值。当前很多企业如字节跳动、百度、网易等都引入了 OKR 进行绩效管理。

OKR 诞生于互联网企业，这些企业的员工为知识型员工，综合素质高、自我驱动能力强。互联网企业实现快速发展的同时，面临的市场竞争也更加激烈，如何采取积极的措施激励人才以形成核心竞争力成为众多互联网企业需要思考的问题。与传统的绩效管理方法相比，OKR 具有最大限度调动员工积极性和解决原有绩效管理目标不明确的问题等多方面优势。

在互联网经济时代，以 KPI 为代表的以控制为导向的传统绩效管理方法无法适应市场环境和需求多样化，因此寻求转型升级的企业应更多关注目标的定义与追踪管理，尤其是寻求绩效变革的国有制造企业更应突破旧体制的束缚，从 OKR 中获取管理新思路。对于组织结构扁平化的企业，融合运用 OKR 与 KPI 是企业绩效管理的创新选择之一，KPI 负责考核结果、OKR 负责考核过程，企业根据实际情况选择一种为主，另一种为辅，以实现员工成长与组织目标。

OKR 使企业能够以更简单的方式进行绩效管理，对调动员工积极性、增强企业发展活力都有深远影响。OKR 较传统 KPI 最大的不同，就是从下向上提出评价指标，上下往复，并且弥补了 KPI 在考核能力、态度、价值观这些主观指标上的不足。

5.2 平衡计分卡和收益分享计划

在团队层面，平衡计分卡最早用于政府，后来用于企业，尤其是群体／团队的绩效评估。在中国，因为信息技术的推动，平衡计分卡也可用于员工个体层面，三一重工和珠江啤酒就是例证。下面以深国投为例，介绍平衡计分卡和薪酬管理的关系。

5.2.1 平衡计分卡与部门薪酬包

应该在团队层面将薪酬与企业的业绩表现联系起来。在深国投，平衡计分卡中指标的加权设定为：资本薪酬率、盈利率、现金流和经营成本合计占 60%，其余 40% 针对顾客满意度、经销商满意度、员工满意度等指标设置，以保持与公司战略的协调一致（见表 5-3）。

然而，这种方式产生了问题：第一，公司在处理薪酬计算公式中的多个目标时，是为每一个目标规定一个权重，根据每个加权目标实现的程度，计算激励性薪酬。这导致深国投在某几个目标上做得很好但未能实现关键目标时，部门和个人仍会得到巨额的激励性薪酬。完善方法是，为战略任务中最关键的几个指标确定最低临界点。如果在既定时间内绩效未能达到最低临界点，个人就不能得到激励性薪酬。这样会促使员工在短期目标和长期目标之间实现绩效平衡。第二，如何在长达一年的时间内通过奖金分配，使员工保持对激励计划的关注。在深国投，员工了解到平衡计分卡对收入产生影响时，会关注公司指标完成情况，但又无力改变，久而久之，员工索性不再关注。

为了改善上述问题，深国投采取了以下措施：一是取消了年终奖，按月发放奖金；二是在内部实时发布经营指标信息，定期召开绩效改进会议，让员工为改进本部门的绩效出主意。然而，由于平衡计分卡仅仅考虑表 5-3 中的四个方面，许多员

表 5-3 深国投人力资源部平衡计分卡考核表

	关键绩效指标	说明	权重	得分评定					实际得分
财务	1. 招聘目标达成率	采用人数÷计划招聘人数×100%		0~70% 1	71%~80% 2	81%~90% 3	91%~99% 4	100% 5	
	2. 招聘周期	从部门提出人员需求至人员招聘到位的天数		26天及以上 1	21~25天 2	16~20天 3	11~15天 4	10天及以下 5	
	3. 核心人才离职率	业务主管及以上级别员工的离职率		21%及以上 1	16%~20% 2	11%~15% 3	6%~10% 4	5%及以下 5	
内部流程	4. 绩效考核的及时实施	按照公司规定及时实施绩效考核，并及时得出结果		很滞后 1	较为滞后 2	一般 3	较及时 4	很及时 5	
	5. 员工培训效果	新招聘员工培训后的满意度		0~50% 1	51%~65% 2	66%~80% 3	81%~95% 4	96%及以上 5	
	6. 员工培训参与度	实际参加人数÷计划参加人数×100%		0~50% 1	51%~65% 2	66%~80% 3	81%~95% 4	96%及以上 5	

续表

	关键绩效指标	说明	权重	得分评定					实际得分
内部流程	7. 日常人力资源管理工作的及时性	员工考勤、员工申诉等日常工作处理的及时性		很滞后 1	较为滞后 2	一般 3	较及时 4	很及时 5	
	8. 人力资源制度化建设	书面化并执行的相关人力资源制度数目		0	1~2条	3~4条	5~6条	7条及以上	
	9. 内部员工满意度	员工对公司满意度的调查		非常不满意 1	比较不满意 2	一般 3	比较满意 4	非常满意 5	
客户	10. 与省公司的协调性	与省公司的信息沟通与文件往来、协调工作，及相关合同的谈判、校对与审核		协调很差 1	协调较差 2	一般 3	比较协调 4	非常协调 5	
学习与发展	11. 创新建议采纳率	被采纳的创新建议数量÷部门建议总数量×100%		0~10% 1	11%~20% 2	21%~30% 3	31%~40% 4	41%及以上 5	
	12. 参加公司内部或公司外部培训的效果	通过培训效果和培训学时来确定		效果很差 1	效果较差 2	效果一般 3	比较有效 4	非常有效 5	
总分（实际得分合计）									

工无处使力，这就需要和分配相关的收益分享计划。

5.2.2　收益分享计划

KPI、平衡计分卡这些评价方法反映在组织和个体薪酬包上，就是鼓励员工为企业创造价值，关注外部客户。现实中，企业如果由于整体劳动生产率的提高，或者降本增效等方式增加了收益，就需要在组织包、部门包中有所体现。从这个意义上看，收益分享计划是奖金包中的一种奖励计划。

收益分享不同于利润分享，前者鼓励大多数或者全体员工通过共同努力来节约成本，并且分享成本节约带来的收益。在收益分享计划中，考核的内容通常是某一群体的绩效水平，涉及的绩效指标是可以控制的，并且还能计算出节约的成本。因此，收益分享计划比利润分享计划对普通员工的激励效果更好。二者的区别还在于，在收益分享计划中，薪酬支付的频率比利润分享计划更高，是当期支付。

1. 收益分享计划的实施步骤

具体来讲，收益分享计划的实施包括以下步骤：

（1）确定收益分享计划所要达到的总体目标。目标可以是提高生产率，也可以是降低成本，还可以二者兼具。

（2）确定激励工资和基础工资之间的比例关系。激励工资倾向于只激励那些可以获得报酬的行为，所以对于不能获得报酬或者奖励的任务，员工会尽量少做或者不做，这显然会造成隐患。比如，如果电脑销售公司只对销售人员的新增销售额进行奖励，就会导致顾客退货或者投诉事件增多。因此，在设计收益分享计划时，合理平衡激励工资与基础工资十分重要。

（3）选择具体的绩效衡量指标。例如，在研究生产率改进分享计划时，可以把生产单位产品所花费的时间作为绩效衡量指标。此外，还可以根据企业的需要选择合理的绩效衡量指标，如净资产收益率、投资回报率等。

（4）决定选择哪一年的绩效标准作为参照。如果采用的基准年绩效太好（或太差），标准就很难（容易）达到，最终的结果要么是激励成本太高，要么是激励效果不好，这都与激励的本意相去甚远。所以应尽量选择绩效折中的年份为基准年。

（5）确定收益分享的公式。员工最关心的可能是从收益分享计划中能获得多大比例的奖励，因此在实施收益分享计划前，首先需要确定分享的比例。

（6）明确收益在员工内部进行分配的方式。一般有两种：一是用员工个人的工资水平与设定的百分比相乘分配奖金；二是将收益在员工内部平均分配。需要注意的是，有些企业根据员工的个人绩效调整奖金分配。当然，在保证最大程度激励员工的前提下，也可以创新分配方式。

（7）明确是否需要建立储备基金。企业通常会将员工所获奖励中的一小部分储备起来，以备不时之需。员工无法担保每年都能达到并且超过预定的绩效标准，预留一部分奖金可以确保员工在绩效较差时也能获得一定奖励。

（8）确保奖励额度对员工有吸引力并能够有效激励员工。一般来说，有效的收益分享计划组合应该是：收益分享的奖金额至少达到员工工资的 4%，同时员工有七八成把握能够达到预先制定的绩效目标。

（9）确定奖金的支付方式。较为常用的方式是以现金支付，也有企业采用向员工发放股票的方式。

（10）确定奖金的支付频率。为了确定收益分享的金额，企业每年都会对财务绩效指标进行计算，并在每个季度或月度对生产率指标进行衡量，企业可根据自身情况选择合适的奖金支付频率。

2. 斯坎伦计划

从某种意义上说，收益分享计划兼有利润分享计划和个人奖励计划的优点：一方面，与利润分享计划一样，收益分享计划也鼓励员工努力实现更大的目标；另一方面，收益分享计划能够像个人奖励计划那样对员工进行及时的奖励，正因如此，越来越多的企业开始尝试引进不同形式的收益分享计划，其中最为典型的是斯坎伦计划（Scanlon plan）。

斯坎伦计划最大的特点在于强调员工的参与合作，激励员工通过实现个人目标达成组织目标，确保个人目标与组织目标协调一致。和其他奖励方式类似，员工只要达到或者超过预定的绩效标准，就能获得相应的奖励。例如，如果企业的劳动力成本与产品销售额（包括销售收入和库存商品价值）的比率（称为斯坎伦比率）低于某一既定标准，员工就能和企业一同分享节约的成本。斯坎伦计划就是使用劳动力成本和产品销售额来决定员工的奖金包大小。

为了更好地理解斯坎伦计划的原理，我们以一家手机销售企业为例进行说明。假定2023年企业的手机销售额为5 000万元，劳动力成本（工资总额）为2 000万元，那么企业2023年的斯坎伦比率为2 000/5 000=40%。受大环境的影响，如果2024年企业销售额只有2 500万元，按照预定的斯坎伦比率，该企业的预期工资总额应为1 000万元。假如该企业最后实际的工资总额仅为800万元，那么节省下来的200万元就在企业与员工之间进行共享。按照事先的约定，员工能够分享所节约成本的75%（即150万元），企业则分享余下的50万元。

150万元会在当期全部分配给员工吗？在实践中，企业常见的做法是预留 25%（即 37.5 万元）作为储备基金，在收成不好的年份，即当实际工资总额超过预期工资总额时，再将其分配给员工，以避免出现"负奖金"的情形。

对于任何一家企业来说，最理想的情形莫过于员工在追求个人目标的同时，也实现了企业的目标。可以说，斯坎伦计划是达到这一理想情形最具代表性的方案之一。斯坎伦计划于 1937 年诞生，其设计理念至今也不落伍，这主要归功于斯坎伦计划的一些基本特点：

（1）合作理念。合作哲学意味着转变观念，抛弃"我们""你们"这种对立态度——它会阻碍所有者意识的培养，以合作取而代之。合作越多，收益才会越多。深入人心的合作观念是确保斯坎伦计划成功的第一要义。

（2）信息透明。斯坎伦计划让员工知道整个企业是如何经营和运作的，员工了解的越多，对企业的认同程度就越高。

（3）倡导能力提升。斯坎伦计划需要各个层级的员工都具有高水平完成工作的能力。员工不仅要能胜任工作，还要有不断发现问题、解决问题的能力；基层管理人员要具备参与式管理的领导能力。

在明白了第四章中介绍的授予制和获取分享制的差异之后，就能理解斯坎伦计划这种分钱方式为何能沿用至今。

3. 目标分享计划

企业如果规模较小，又不想把收益分享计划做得过于复杂，那么目标分享计划是一种合适的方法。

目标管理是一种重要的考核方法。部门和个人只要达成预定的目标，就能获得预定的奖励。对于企业来说，设计一个目标分享计划并不复杂，通常只需要为企业所关心的方面确定一个目标，然后针对每个目标制定一个奖励标准。如第一章中介绍的海底捞的分钱方式，海底捞以前用 40 个指标考核门店绩效，后来删繁就简，仅仅用一个指标——顾客满意度，就确定了价值评价和价值分配。

5.3 组织薪酬包与薪酬预算

俗话说，吃不穷，喝不穷，没有计划一生穷！对于企业来说，没有成本开支预算，财主也会变成债主。

从企业层面看，薪酬预算就是在薪酬管理过程中进行的一系列成本开支方面的权衡和取舍，如固定薪酬与可变薪酬的组合比例关系、长期激励薪酬与短期激励薪酬的权重安排、货币薪酬与非货币薪酬的权衡等。此外，企业主要以薪酬还是其他人力资源管理手段激励员工，事关薪酬包的价值取向，也是管理者和 HR 在薪酬预算过程中需要认真考虑的问题。

5.3.1　薪酬预算的影响因素

影响企业薪酬预算的因素很多，概括起来主要有两大方面：企业外部因素和企业内部因素。外部因素包括市场薪酬水平、生活成本变动及国家法律法规；内部因素包括人员变动、既往加薪幅度、财务状况（或支付能力）、现行薪酬政策及技术变革（见图 5-1）。

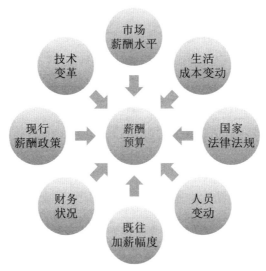

图 5-1　影响薪酬预算的内外部因素

1. 外部因素

（1）市场薪酬水平。市场薪酬水平可参考本书第三章相关内容。

（2）生活成本变动。由于市场物价水平不断发生变动，人们的生活水平随着国家经济的发展而不断提高，企业在进行薪酬预算时应当充分考虑生活成本的变动，以保障员工的基本生活水平不会随着物价水平的上升而下降。特别是在通货膨胀比较严重的时期，企业更应该适时调整薪酬预算。衡量员工的生活成本时，普遍采取的做法是以消费者物价指数作为参照，为薪酬预算提供依据。

（3）国家法律法规。国家制定的关于薪酬的法律、法规及制度也是对企业薪酬预算产生影响的外部因素之一。这些法律、法规及制度通常会对企业基础工资、工资增长、最低工资制度、个人所得税税额及强制性社会保险的种类及缴费基数等产生重要影响。

2. 内部因素

（1）人员变动。企业制定薪酬预算时应综合两方面来考虑人员变动情况对薪酬总额的影响：一方面，人员数量的变动会对薪酬总额产生影响，人员总数增加使薪酬总额增大，反之则减少。另一方面，人员质量的变化同样会对薪酬总额产生影响，如果新增人员的素质普遍更高，为了达到吸引人才的目的，企业就要支付较高的薪酬。企业内部人员晋升较快、从低岗到高岗的人员大幅增加同样会使薪酬总额增加，反之，如果骨干力量大幅减少，达到退休年龄且工资水平较高的人员大比例下降，企业的薪酬支出将减少。

（2）既往加薪幅度。本年度的薪酬预算可以上年度的加薪幅度为参考。薪酬预算通常是简单地在往年薪酬水平的基础上调整一定的数额。这种做法更多依赖过去的经验，有一定的合理性。年度加薪的幅度可以用下面的公式来计算：

$$年度加薪比率 = \frac{年末平均薪酬 - 年初平均薪酬}{年初平均薪酬} \times 100\%$$

（3）财务状况。在其他因素一定的情况下，企业的财务状况往往决定了下一年度的薪酬预算。企业财务状况良好时，往往能在劳动力市场上保持优势竞争地位，还可以通过收益分享以及利润分享等方案与员工分享企业的经营绩效。而企业在财务状况出现问题时，通常会采取裁员、减少薪酬总额、降低基础薪酬上涨幅度、缩减可变薪酬等做法渡过难关。

（4）现行薪酬政策。企业的薪酬政策可参考本书第三章相关内容。

（5）技术变革。社会整体技术水平快速上升，员工薪酬水平也随之不断上涨，尤其是专业技术人员的薪酬水平上涨速度非常快，有些甚至超过了高层管理人员。因此，企业在进行薪酬预算时应该充分考虑技术变革因素的影响。

5.3.2　薪酬预算的方法

薪酬预算对于任何达到一定规模的企业来说都很重要。准确的预算有助于确保企业未来一段时间内的支出受到一定程度的协调和控制，因此企业需要使用恰当的方法确保薪酬预算的有效性。最常规的薪酬预算方法有两种：宏观接近法和微观接近法。

1. 宏观接近法

宏观接近法也称自上而下法，是指高层管理者首先对企业总体业绩指标做出预测，然后确定薪酬预算总额，最后按照一定的比例分配给各个部门，并由各部门管理者结合部门实际情况进一步分配至具体员工。下面结合深圳恒波集团在经营过程中的经验，具体介绍采用宏观接近法进行预算控制的三种基本操作方法。

（1）根据薪酬费用比率推算合理的薪酬费用总额。这是最简单、最基本的薪酬预算分析方法。薪酬费用比率的计算公式如下：

$$薪酬费用比率 = \frac{薪酬费用总额}{销售额} = \frac{\dfrac{薪酬费用总额}{员工人数}}{\dfrac{销售额}{员工人数}}$$

$$= \frac{薪酬水平}{员工平均销售额}$$

由上式可知，要在维持合理薪酬费用比率的前提下使薪酬费用总额有所上升，就必须增加销售额，换言之，薪酬水平的提高必须处在员工平均销售额的上升范围之内。应该注意的是，这里所说的薪酬费用是指雇用员工所支付的一切费用，不仅包括基础薪酬、可变薪酬，还包括各种福利费用（含企业为员工支付的保险）。

（2）根据特殊点推断适当的薪酬费用比率。盈亏平衡点是指企业销售产品和服务所获得的收益恰好能够弥补其总成本而没有额外的盈利。边际盈利点是指销售产品和服务带来的收益不仅能够弥补全部成本支出，而且可以付给股东适当的股息。安全盈利点则是指在确保股息发放之外，企业还能得到足以应付未来可能发生的风险或危机的一定盈余。

这三个特殊点与企业销售量的大小是密切相关的，从而与薪酬费用水平的高低发生关联。

最高薪酬费用比率＝薪酬费用总额／盈亏平衡点销售额

可能薪酬费用比率＝薪酬费用总额／边际盈利点销售额

安全薪酬费用比率＝薪酬费用总额／安全盈利点销售额

2.微观接近法

与宏观接近法相对应，微观接近法也称自下而上法，是先由管理者预测出单个员工在下一年度的薪酬水平，然后进行汇总，从而得到企业的薪酬预算。在企业经营过程中，这一方法比宏观接近法更常见。下面介绍微观接近法的具体步骤。

（1）对管理者就薪酬政策和薪酬技术进行培训。采用微观接近法时，各级管理者是决定企业的薪酬预算能否顺利进行的重要力量，因此在实施具体的薪酬预算之前，必须首先对他们进行培训，使他们具备根据绩效表现向员工支付薪酬的意识，并掌握加薪和预算等方面的常规性技术。

（2）为管理者提供薪酬预算工具和咨询服务。工欲善其事，必先利其器。在实际的薪酬管理工作中，向管理者提供一定的工具进行引导是十分必要的，有助于提高管理效率、降低管理成本。

（3）审核并批准薪酬预算。这一步骤可以具体细化。首先，对预算意见进行初步审核，使它们与企业已有的薪酬政策和薪酬等级相符合；其次，把企业内部各个部门的薪酬预算意见汇总，进行总体上的调节和控制，确保内部公平性和外部一致性，保证各个部门之间的平衡；最后，管理层进行集体决议，确定最终的预算意见，并确保得到决策层的批准。

（4）监督预算方案的运行情况，并向管理者反馈。制定薪酬预算方案以及得到决策层的认可并不意味着薪酬预算控制已经完成，从某种意义上讲，这只是开始。在预算方案下达到各部门并加以执行的过程中，管理者必须对方案的执行状况进行严密监控：一方面要保持与员工的畅通交流，了解他们的看法和态度，并对他们的反应做出积极、快速的回应；另一方面要从企业全局出发，做好因时因地调整薪酬方案的准备。

一般来说，宏观接近法可以约束薪酬成本，但在确定薪酬总额时要考虑的主观因素过多，降低了预算的准确性，而且在操作上缺乏灵活性，不利于调动员工的积极性。微观接近法虽然比较灵活，实际操作的可行性较高，但不容易控制企业总体人工成本。由于两种方法各有利弊，企业在进行薪酬预算时通常会同时采用，扬长避短：先采用宏观接近法，根据企业制定的整体薪酬计划决定各部门薪酬预算额度，然后采用微观接近法确定各部门中员工的加薪幅度，最后比较这两步得出的结果，确保员工的加薪幅度符合部门的薪酬预算额度。如果两者之间的差异较大，应适当调整部门的薪酬预算。

5.3.3　薪酬成本的控制

薪酬成本的控制是指企业为了确保既定薪酬方案的顺利落

实和薪酬方案目的的达成而采取各种措施。在战略预算和经营预算过程中，薪酬成本控制一般指对劳动力成本的控制，劳动力成本包括企业的雇佣量以及在员工基础薪酬、可变薪酬、福利与服务方面的支出，这些自然也就成为薪酬控制的主要发力点。

1. 控制雇佣量

对于企业来说，雇佣量是雇佣人数与工作时数的乘积。因此，为了达到控制雇佣量的目的，一方面需要对雇佣人数进行管理和控制，另一方面需要对工作时数进行适当管控。

（1）控制雇佣人数。薪酬水平相同时，员工人数越少，企业所需支付的薪酬总额就越低。许多企业非常强调控制员工人数，其目的就在于合理控制人工成本。但是，减少的如果是核心员工，则会给企业带来巨大的损失。因此，为了更好地管理劳动力成本，许多企业与不同群体建立不同形式的劳动关系，设立裁员的缓冲区域。

员工群体通常分为两大类：核心员工与临时员工。企业可以与核心员工建立长期稳定的劳动合同关系；针对临时员工，企业可以在某些特定而短暂的时期内与其签订雇佣协议。这样就可以在合理控制劳动力成本的基础上，保持企业的竞争力。

（2）控制工作时数。一些企业通过控制员工人数来进行薪酬成本控制，而另一些企业则是基于工作时数来调整雇佣量。与调整员工的人数相比，调整员工的工作时数往往更加方便和快捷，所以这种做法在企业里更为常见。

2. 控制薪酬水平

（1）基础工资。基础工资的增加会导致人工成本的上升，为了控制人工成本，企业可以通过控制基础工资上涨规模或幅度、加薪时间和覆盖面来实现。

（2）绩效工资。越来越多的企业开始在内部使用薪酬激励方案。支付形式包括利润分享、收益分享、团队奖励、部门奖金等。从控制成本方面看，绩效工资相对于基础工资所占的比例越大，企业劳动力成本的变化就越大，控制预算可以采取的余地也就越大。

（3）福利支出及其他。根据对薪酬预算与控制的作用大小，可以把企业的福利支出分为两类：与基础工资相联系的福利以及与基础工资没有联系的福利，第六章将进行详细讨论。

3. 动态控制

薪酬总额生成机制是动态的，只有在经营周期结束时，相关的经营指标数据才能完全确定。例如，截至年底，企业的销售收入和利润数据才能最终核算出来，基于这些数据才能计算出薪酬总额。但员工的薪酬是按月发放的，为了确保激励的及时性，浮动部分的奖金也会在其间发放一部分。这就需要对薪酬总额进行过程管理，既不能吝啬对员工的激励，也不能打肿脸充胖子，超过薪酬总额限制，使薪酬管理失控。薪酬总额过程管理主要包括以下方面：

（1）确定薪酬总额预发管理机制。薪酬总额的预发一般基于销售额来管理，因为销售额能够及时获取，不需要复杂的核算过程。基于销售额的预发可以根据公司薪酬总额的固定或浮动比例设定一个预发管控基线。设置预发管控基线时要确保预发总额不超出最终的薪酬总额，同时预留一部分弹性空间到年底进行最终核算。

（2）确定薪酬总额增减制度。企业业绩特别好时，会产生比较大的薪酬总额，过程中可以启动加薪和发放奖金，对员工进行及时激励。反之，企业业绩不好时，要采取管理措施，对薪酬总额进行缩减，如停止招聘、停止加薪等。这就需要对薪酬总额的增减设计触发机制。例如，当销售额超过预算的20%时，可以启动加薪和增加过程奖金；当销售额低于预算的20%时，停止加薪；当销售额低于预算的30%时，停止招聘。有了薪酬包的预算管理机制，基于业务目标的滚动预测，企业对薪酬包是否有空间就能做到心中有数。在薪酬包有空间和无空间的情况下，分别该如何管理呢？深国投的工资性薪酬包基于预算滚动预测进行过程管理。在薪酬包有空间的情况下，深国投优先给优秀员工加薪，再考虑人员净增。在薪酬包无空间的情况下，深国投首先减少人员净增数量，其次考虑调整拟新进人员的层级结构和放缓进入节奏，再次减少离职补偿，或推迟、停止调薪，最坏的情况下才考虑裁员。

（3）确定薪酬总额结构转换机制。如果薪酬总额随着业绩的增加有比较富余的加薪空间，那么是先上调浮动奖金还是固定工资呢？这就需要明确加薪的结构，避免刚性的工资性薪酬增长太快，导致企业刚性薪酬包负担太重。企业要明确，薪酬总额有富余空间时优先上涨浮动薪酬。另外，如果业绩没有增长，薪酬总额基本与上年持平，但是人员编制减少了，节省的薪酬成本是否可以全部或者部分转化为现有人员的薪酬，鼓励员工提升人均效率，实现"2个人干3个人的活，发2.5个人的薪酬"？这也是薪酬结构转换机制需要明确的。还有，如果战略项目中途没有推进，相关人员没有投入，那么之前申请的战略补贴包就有结余，企业需要明确这部分薪酬结余是否可以转化为薪酬包。战略补贴包的节省一般不能转化为薪酬包，但经营性的人员编制节省可以转化为薪酬包。

（4）确定薪酬总额削峰填谷机制。由于某些特殊情况，如经济危机、灾难、公共事件、安全事件、业务兼并分拆等，薪酬总额可能会出现大幅波动，对公司业绩造成正向或负向的影响，这就需要建立削峰填谷的机制。例如，规定当薪酬总包超过预测值的 150% 时，对超额部分进行递延，当年不发放；当薪酬总包低于预测值的 50% 时，对差额部分进行预发，未来业务恢复正常后进行回填。

（5）确定薪酬总额决算机制。最终核算薪酬总额时，可能要对某些数据进行考核调整，而不是简单用财务报表的数据进行计算。还可以对薪酬总额设定一些约束条件，满足利益相关方的诉求。例如，股东可能会比较关注薪酬的增幅，会设置一些限定条件。另外，也可以针对某些特殊事项对薪酬总额进行二次调节。

5.3.4 薪酬调整

企业常会遇到计划赶不上变化的情况。这时对薪酬水平、薪酬结构以及薪酬组合进行调整，就很有必要。这一方法能够提升薪酬管理的有效性。

1. 薪酬水平调整

（1）薪酬水平调整的原因。薪酬水平调整是企业为了适应生产经营发展需要，更好提升员工工作积极性而采取的行为。因为薪酬刚性增长，所以一般情况下薪酬水平调整就意味着加薪。但是如果企业实行与绩效挂钩的薪酬制度，在业绩不佳的情况下，员工的薪酬水平也会下降。不过考虑到对员工发展和留存的影响，企业总体薪酬水平应该是呈上升趋势的，特别是基础薪酬部分。

一般来说，薪酬水平是基于以下条件的变化而做出调整的：

第一，基于市场变化的调薪。薪酬水平调整的实质是薪酬标准的调整，主要是参考市场薪酬水平的变动，适应企业外部竞争的需要。市场变化的直接原因主要有两个：一是劳动力市场供需变动；二是物价水平变化。

第二，基于工作业绩的调薪。为了鼓励绩效好的员工，企业也会对部分员工的薪酬水平进行调整。在这种情况下，业绩较差或者普通的员工不在薪酬调整之列。

第三，基于能力需求的调薪。企业认可的、与工作相关的能力也会给员工带来调薪的机会，例如为了满足对专业技能的需求，企业也会在岗位和职务不发生变动的情况下，给具有这些技能的员工增加薪酬。

此外，在岗位重新评估、薪酬改革、员工调派、增加临时工作任务时，企业也会对部分或全体员工的薪酬水平进行调整。

（2）薪酬水平调整的类型。薪酬水平调整可分为奖励型调整和补偿型调整。奖励型调整是为了奖励员工优异的工作业绩，鼓励他们保持势头、再接再厉。补偿型调整则复杂一些，是为了补偿员工因通货膨胀而导致的实际收入减少。补偿型调整可以分为等比式调整、等额式调整和工资指数化调整三种类型。等比式调整即对所有员工薪酬增调相同的比例，这似乎进一步扩大了级差，使薪酬偏低的员工感到不公平，但保持了薪酬结构内在的相对级差，使薪酬政策线的斜率统一变化。等额式调整指所有员工按平均工资率等额调升，这种方式带来的一个结果就是薪酬级差缩小，薪酬结构改变。工资指数化调整是指将薪酬与物价挂钩，员工的实际收入等于工资指数与最低生活费的乘积。

除此之外，薪酬调整还涉及效益型调整和工龄工资调整。效益型调整指全体员工都可以从企业经济效益的变化中分享利益或共担风险。薪酬水平调整要覆盖全体员工，否则有失公正。工龄工资调整指随着员工资历增长每年等额提高其年资薪酬。其理论假设是：工龄的增加意味着工作经验的积累和丰富，代表能力或绩效潜能的提高。从这一角度说，工龄工资具有按绩效与贡献分配的性质。因此现有的工龄工资调整实行人人等额逐年递增的做法不尽合理。

（3）薪酬水平调整中的注意事项。在薪酬水平调整中，除了贯彻公平、公开、公正的原则之外，还要注意以下问题：

首先，根据企业战略进行调整。企业调整薪酬水平的主要目的是配合发展战略，实现一种能够保持外部竞争力且在内部具有激励作用的薪酬水平。企业如果制定的是领先薪酬水平战略，就要将薪酬水平提高到在同行业或同地区市场上居于领先的地位，在整个薪酬调整期内都要维持这种优势水平。在制定领先薪酬水平政策时，可以暂时不考虑企业当前的财务状况，把薪酬不是单纯作为一种薪酬成本投入，而是作为一种战略投资或者说风险投资进行设计。同样如果选择了与市场水平持平或落后的薪酬战略，企业薪酬水平也应进行相应调整。

其次，对不同岗位和不同员工实施不同的调整政策。不同岗位的重要程度不同，岗位性质有所差别，工作任务也不断变动。因此，在进行薪酬水平调整时，企业要针对不同岗位进行灵活调整。另外随着工作年限的增加，员工对自己岗位、工作内容的熟悉程度加深，经验积累增加，有利于改进工作方法，提高工作效率，更好更合理地完成本职工作，这在一些技能和专业性比较强的岗位上体现得尤其明显，因此企业也应对员工进行一定的补偿。

再次，确定调整的重点。企业薪酬调整的原因和目标不同，决定了调整重点也不同。例如，企业遇到的第一个选择往往是调整基础薪酬还是浮动薪酬？前者主要是为了保持薪酬的外部竞争力，使企业具有更大的灵活性；后者的重点是激励员工提高个人业绩，降低企业薪酬成本。一个比较成功的做法是将两者有效结合起来，即结合薪酬水平的调整与薪酬结构的调整。企业调整薪酬时要掌握重点，最好不要同比例增加每一名员工的薪酬，也不要同比例增加员工的每一部分薪酬。

最后，要注意薪酬调整的时间，即何时为员工调薪。调薪的时间不一样，加薪方案给企业带来的经济压力也不同。举例来说，如果企业准备在年初将整体薪酬水平提高 5%，这就意味着本年度员工薪酬总支出会增加 5%；但如果这份方案在年中提出，企业只需为该预算多支付相当于薪酬总额 2.5% 的财务支出。不过，不同时间的加薪方案对员工的激励效果也是不同的。

2. 薪酬结构调整

薪酬结构调整的目的是适应外部和内部环境因素的变化，以保持薪酬的内部公平性，体现企业的薪酬价值导向，更好地发挥薪酬的激励作用。薪酬结构调整常常和薪酬水平调整相结合，尤其在薪酬总量不变调整薪酬水平时，以及等比式调整薪酬水平时，必然要求对薪酬结构做出相应调整。

（1）薪酬结构调整的主要内容。由于劳动力供求关系不断变化，企业需要定期对内部员工的薪酬结构进行调整。主要针对工资标准和薪酬等级两个方面：一是对某一职级人员进行调整；二是对整个薪酬关系进行调整。因此，薪酬结构的调整必须考虑两点：一是适应企业管理的需要，理顺各岗位和职位薪酬之间的关系；二是考虑外部市场工资水平的变动，即在考虑外部竞争力的前提下变动内部薪酬结构。

（2）薪酬结构调整的方法。理想的薪酬结构应该是稳中求变。薪酬结构在企业运行多年后会变得比较紊乱，需要进行调整。调整时要在考虑外部竞争力影响的前提下设计内部的薪酬等级结构。薪酬结构调整的常用方法如下：

● 增加薪酬等级。增加薪酬等级的主要目的是将岗位之间的差别细化，从而更加明确按岗位付酬的原则。等级薪酬制度是与以岗位和职位为基础的管理制度相联系的，是一种比较传统和正规的管理模式，适用于规范的制造业、加工业和机械化程度较高的大型企业。增加薪酬等级的方法很多，关键是选择在哪个层次或哪类岗位上增加等级，是增加高层级还是中低层级的岗位，是增加管理人员还是一般员工的等级层次，增加后各层级、各类岗位之间是否需要重新匹配。

● 减少薪酬等级。减少薪酬等级就是将等级结构"矮化"，这是目前薪酬管理的流行趋势。国外一些企业倾向于将薪酬等级线延长，将薪酬类别减少，由原有的十几个减少至三五个；在每种类别上包含更多的薪酬等级和薪酬标准，实现各类别之间薪酬标准的交叉并趋向于宽带薪酬。

- 调整不同薪酬等级的人员规模和比例。企业可以在薪酬等级结构不变的前提下，定期对每个等级的人员数量进行调整，即调整不同薪酬等级的人员规模和相对比例，通过岗位和职位等级人员的变动实现薪酬调整。通过增减高、中、低层次的人员可以达到三个目的：一是降低薪酬成本；二是增强企业内部公平性；三是加大晋升和薪酬激励。具体做法如下：第一，调整高薪人员的比例。降低高薪人员比例的目的是采取紧缩政策，降低企业薪酬成本。在疫情期间，许多企业都采用这一方法，例如 2022 年刘强东宣布京东高管一律减去 1/3 的收入。有些情况下，企业为了技术升级反而会增加高薪人员如高级管理人员或专业技术人员的比例。如无论企业层面还是国家层面都增加了对芯片研发人员的投入，以解决"卡脖子"的问题，这种倾斜也是价值评价的结果。第二，调整员工的薪酬比例。企业一般通过改变员工的薪酬结构来降低成本，例如提高奖励标准，使员工在一般情况下只能获得基础薪酬，很难获得奖金和浮动薪酬；在薪酬水平不变或者增加幅度不大的情况下，延长工作时间、减少带薪休假、提高工时利用率等。

（3）薪酬结构调整的频率及幅度。调整薪酬的时间间隔是每年一次还是三年一次？是定期调整还是不定期调整？一般来说，薪酬结构调整的基本模式有两种：多次小幅调整和少次大幅调整。企业要根据面临的内外部环境来选择。

3. 薪酬组合调整

薪酬组合是指由固定工资、可变工资和员工福利津贴（或者称基础薪酬、激励薪酬和补偿薪酬）组成的薪酬整体。薪酬组合的调整可以有两种方式：一是在薪酬水平不变的情况下，重新配置基础薪酬和激励薪酬之间的比例；二是通过薪酬水平变动，增加某一部分薪酬的比例。相比之下，后者更为灵活，引起的波动更小。

当前薪酬组合调整的主要做法有：

（1）加大员工薪酬中激励薪酬的比例，拉大绩优员工与其他员工之间的薪酬差距，其目的是奖优罚劣，优胜劣汰。

（2）采取风险薪酬方式，使员工的薪酬处于变动之中，缩小稳定收入比重，增加不稳定收入比重。

（3）将以工作量为基础的付酬机制，向奖励高技能、高绩效员工的方向倾斜。

总之，传统薪酬管理的核心是为了达到成本控制和利润第一的目标，提倡创造秩序、强化等级和控制行为；现代薪酬治理强调的是激励薪酬、劳资之间的合作、风险共担、利润分享、鼓励员工参与和为企业做出超常贡献。

5.3.5 薪酬沟通

绩效管理的最后一环通常是绩效面谈，这是管理者或 HR 与员工就绩效进行沟通的过程。在薪酬包的评价机制中，沟通围绕薪酬会更加严谨。图 5-2 展示了薪酬沟通的步骤。

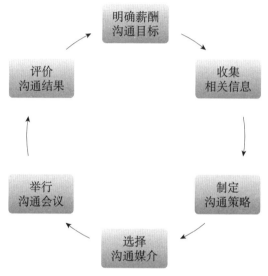

图 5-2　薪酬沟通的步骤

1. 明确薪酬沟通目标

薪酬沟通目标可以概括为三个方面：第一，确保员工完全理解新的薪酬体系的内容；第二，改变员工对自身薪酬决定方式的既有看法；第三，鼓励员工在新的薪酬体系下做出最大的努力。在企业经营中，上述三个方面的目标可以适用于大多数薪酬沟通方案。此外，在这三个总目标之下，企业还可以根据具体情况，细化沟通目标。

2. 收集相关信息

在沟通目标确定后，管理者和 HR 要通过正式渠道收集员工对薪酬体系的意见、建议、看法，这表明了企业对员工所想所思的重视。同时，员工也能因为参与其中而获得认同感，并增强对企业的承诺。这些对于企业的战略、预算、成本控制等至关重要。

除了正式渠道，管理者和 HR 还可以利用非正式渠道收集信息。在不同情境下，不同的信息收集方式会发挥不同的作用，企业可以视自身情况采用不同的薪酬沟通方法，满足多样化的薪酬沟通目标。

3. 制定沟通策略

首先，在薪酬体系开始运作前以公司的名义向所有员工分发备忘录，具体解释新方案的目的以及将会采取的步骤。其次，与关键的管理人员进行一系列会谈，就薪酬方案进行沟通，并争取他们的支持。再次，由负责薪酬沟通的团队细化沟通项目，并落实负责各个沟通项目的人员、方式及具体内容。最后，与员工保持持续沟通，确保他们对新薪酬方案的执行具有一定的参与意识，了解具体运作环节，并对其执行情况保持关注。

4. 选择沟通媒介

企业在确定薪酬沟通目标、收集相关信息、制定沟通策略后，就应该着手确定沟通媒介——决定哪种沟通媒介最有效。事实上，企业一般会有多种备选方案，可以根据情况综合选择。

5. 举行沟通会议

在典型的薪酬沟通会议上，企业一般会就薪酬方案的各个方面进行解释，根据沟通目的确定不同的沟通内容。为了避免对员工产生胁迫效应，管理者在举行薪酬沟通会议时有必要区分群体。

6. 评价沟通结果

薪酬沟通的最后一个环节是对整个沟通流程的效果进行评价，根据每一步骤效果的评估结果调整相应内容，确保沟通有效。

薪酬包的评价过程一般会聚焦以下方面：企业内部成员对于薪酬和福利方案的理解程度；管理者和员工之间的沟通状况是否让人满意；决策层传达的信息和他们采取的做法之间是否一致；员工是否认为绩效和薪酬体系之间存在联系。

第六章

价值分配：福利和长期激励

比照整体薪酬，在薪酬包之外，本章将目光投向固化的福利和动态的长期激励计划。薪酬治理需要将福利和长期激励一起考虑，因为这是员工总薪酬的重要组成部分。

6.1　价值分配的理念和实践

按价值贡献、评价结果进行价值分配，能与价值创造、价值评价形成逻辑自洽。尽管本书以实务和操作为重，但在谈论一般意义上的价值分配时理念或者思想仍然不容忽视。提出组织变革模型的库尔特·勒温（Kurt Lewin）曾说："没有什么比一个好理论更具有实践性了。"

6.1.1　价值分配的理念

一些管理者和 HR 关于价值分配的思想似乎还停留在工业经济时代。在工业化早期，市场供不应求，企业发展的关键是大规模进行标准化生产，通过大量利用机器，建设流水线的厂房，不断降低成本，迅速抢占市场。工业化时期的劳动力大军，主要是机器的补充，还不是关键的生产要素，这一时期的关键生产要素是资本，所以资本是剩余价值的主导者，决定企业的所有权、经营权、分配权。美国福特汽车公司就是代表。

但随着供求关系逆转，大规模标准化生产不符合人们对产品多样性的需求。工业经济越发达，产能过剩越多。企业外部竞争环境开始恶化，竞争焦点逐渐从以产品为中心的生产领域转移到客户端，从分销活动领域转移到交换活动领域，最终进入消费活动领域。竞争的内涵不断深化，竞争的手段不断升级，企业的价值创造系统也逐渐扩展，向技术和市场两端延伸，从生产活动领域延伸到研发活动领域或商务活动领域。企业需要将核心能力与客户需求进行有效匹配，不断跟踪、研究、分析客户需求的变化（营销活动），并利用技术进行产品与服务创新（研发活动），以此获取客户。由此工业经济时代转入知识经济时代。

知识经济时代，知识型劳动者在价值创造流程中的地位不断提高，作用不断增大。资本本位的时代行将结束，知识本位的时代随之而来。在此背景下，企业价值分配关系也发生了根本变化。劳资双方如何分配价值？在工业经济时代，资本雇佣劳动，支付劳动基础薪酬（工资），资本享有企业的剩余价值。

在知识经济时代，知识将雇佣资本，支付资本基础收益（分红），知识将享有企业的剩余价值。企业应该根据知识经济时代价值创造的特征来设计价值分配机制，让核心价值创造者如同资本方一样，分享企业的剩余价值。这些核心价值创造者包括知识型劳动者和企业核心管理层等。

在实践中，每个企业所在的行业不同，发展阶段不同，核心价值创造环节也不同，要根据自己的特点设计劳动所得与资本所得的分配机制。总体而言，企业的持续经营越是依赖知识型劳动者，价值分配就越要向其倾斜；反之，企业越是依赖资本驱动，价值分配也就越要向资本倾斜。某些企业同时拥有新老业务，新业务更加依赖知识型劳动者，老业务更加依赖资本，这就需要企业根据新老业务的特点设计差异化的剩余价值分配机制。

以华为为例。华为的价值分配方式有两种：一种是获取分享制，一种是评价分配制。华为员工的劳动所得与资本所得的比例是 3∶1。劳动所得包括工资、奖金、福利补贴等收益，资本所得就是华为员工投资入股所获得的股权收益，包括分红和增值收益。华为坚持劳动所得优先于资本所得，并严格限制资本的贪婪性。

工业经济时代，员工都叫劳动力，是机器的补充。进入知识经济时代，劳动力可以作为资本存在，如何优先保证知识型劳动者的利益，有效激发他们的价值创造热情，成为管理者面临的难题。可以说，华为的实践是管理学上的一个重大突破，基本解决了知识经济时代知识型劳动者的价值分配问题。

作为一家高科技企业，华为需要的不是简单的劳动力，而是创造力。在华为，资本只是一种投资行为，被定义为一般价值创造要素，而不是一种独特资源，获得合理的财务回报即可。而大多数企业对于价值分配还停留在浅层次的认知上，局限于经济利益分配，导致企业的激励资源和手段有限，尤其是经营状况不好的时候，激励措施更加捉襟见肘。而且，过于强调金钱本身，也会导致激励的边际效应下降，不能起到持续精准的激励效果。所以企业有必要升级认知，厘清价值分配的内容。

简单来说，价值分配的内容可以分为经济利益和非经济利益。很多企业一味强调经济利益上的激励，不重视非经济利益，忽视员工精神上的需求，不但增加薪酬成本，而且容易导致员工斤斤计较，一切向"钱"看。企业应该重视员工的非经济利益需求，主动设计相应的激励措施，与底层动机进行有效连接，激发员工潜能。比如，企业可以多进行荣誉激励，多设计破格提拔机制，增加对员工的授权等。这些激励措施往往比经济利益激励效果更好，时间更持久。

华为对价值分配内容的界定值得借鉴，它把价值分配的内容从经济利益延展到非经济利益，明确规定企业可分配的价值主要为企业权力和经济利益。经济利益的表现形式包括工资、业务提成、绩效奖金、年终奖金、中长期奖金、安全退休金、医疗保障、股权、红利、经济福利等。非经济利益更加广泛，包括但不限于成长机会、学习机会、职权、荣誉、任职资格、退休安排、弹性工作机制、福利假期等。价值分配表现形式的多样性源于价值创造形式的多样性。但是如此多不同形式的利益如何分配到个人？分配的依据是什么？

为此，华为对分配内容做了结构化设计，将薪酬区分为工资、业务提成、绩效奖金、年终奖金等，然后将这些要素匹配到不同的岗位和不同的业务，通过价值分配要素设计牵引员工更大的价值创造。

华为明文规定：效率优先，兼顾公平，可持续发展，是价值分配的基本原则。按劳分配的依据是能力、责任、贡献和工作态度。按劳分配要充分拉开差距，分配曲线要保持连续和不出现拐点。股权分配的依据是可持续性贡献、突出才能、品德和所承担的风险。股权分配要向核心层和中坚层倾斜，股权结构要保持动态合理性。按劳分配与按资分配的比例要适当，分配数量和分配比例的调整应以企业的可持续发展为原则。针对具体的分配内容，华为进一步明确：在报酬与待遇上，坚定不移向优秀员工倾斜。工资分配实行基于能力的职能工资制；奖金的分配与部门和个人的绩效挂钩；安全退休金等福利的分配，依据工作态度的考评结果；医疗保险按贡献大小，对高级管理人员和资深专业人员与一般员工实行差别待遇，高级管理人员和资深专业人员除享受医疗保险外，还享受医疗保健等健康待遇。

多种要素参与企业的价值创造，如何确定各个要素的分配比例？具体方式可借鉴任正非拉大差距的思想。

早在 1995 年，任正非便已经强调，华为应该逐步拉开差距，提高优秀人员的待遇，让"雷锋"先富起来，再使千百人争做"雷锋"。1996 年，任正非在对员工的讲话中继续提出："目前的华为缺少火车头，我们一定要坚定不移地贯彻倾斜政策，使利益分配先向市场人员和开发人员倾斜，并在较长一段时间内维持这种倾斜，以保证深入作战的人受益最大。"2009年，任正非在一次座谈会上说："前 20 年华为怕不平衡，后 20 年华为怕平衡。公司要将奖励和机会向成功者、奋斗者、业绩优秀者倾斜。我们要拉开差距，这样后进者才会有奋斗的方向和动力，才会激活企业。"

除了语言和思想上的号召外，华为更是用具体政策的改革来贯彻落实任正非强调的拉大差距理念。1996 年华为对公司传统的工资政策进行了改革，由原来的部门领导定工资逐渐变成"同工同酬，易岗易薪，以能力和贡献拿工资"的全新薪酬体系。对于这次薪酬体系的转变，任正非指出："这样的改革是为了进一步优化公司的管理。公司应该向承受压力大、工作难度大、创造性的工作倾斜。我们不能保证公正、公平，因为摆平的做法抹去了不同人员承受的压力本身所具有的巨大差距，如果采用摆平的做法，反而是真正的不公平了。"

只有薪酬改革是不够的，华为在科学拉大差距方面做了更多努力，其在奖金分配方面所做的改革特点最为鲜明。21 世纪之前，华为的奖金分配遵循过去"大锅饭"的形式：哪个部门业绩好，就集体奖励；哪个部门业绩差，就集体受罚。实行了很长一段时间后，管理层意识到这种形式缺少对个体劳动者的激发作用，在部门内部没有形成利益差距。因此，从 2001 年开始，华为逐步推行透明的业务部门奖金方案，稳定奖金政策，形成自我激励和自我约束的可持续发展机制。

到了 2007 年，华为更是将员工短期的奖金激励与个人业绩承诺的考核进行结合，进一步保证了"差距"有章可循，使"差距"不仅存在，还公开透明。两年后，华为继续对奖金分配进行优化，使员工之间的奖金分配不仅打破了跨区域的平衡，还打破了区域内部的平衡，自然而然打破了人与人之间的平衡。华为强调，在这样的奖金体系下，还应当保证奖金的即时性，如果员工的当期贡献好，就应该马上兑现奖励。

想要拉开"差距"，不仅要有"奖"，还要有"不奖"，拉高做得好的，拉低做得不好的。2009 年，华为有 596 人奖金为零，并且还规定：如果哪个大部门定不出零奖金的人，该部门的奖金就不能启动发放，直到所有的零奖金者一一对上。"不达目标零奖金"，这是华为坚持了十几年的原则。

正是这种坚持，再加上明确的倾斜态度，才使得华为能够激励员工自主、自发地向绩效优秀的员工靠拢、学习，也使得绩效优秀的员工在他人的追赶下不敢松懈。除了公司明文规定的大制度，在日常项目的进展过程中，华为的项目管理者深刻学习和吸收了公司的"差距"理念，大多能根据项目具体的实施情况和员工的状态，适时地调整激励机制，使项目更加顺利地推进。

6.1.2　华为奖金包分配案例

搭建好职位职级刚性薪酬体系后，我们再谈奖金应该怎么分配。严格来说，奖金分配包括三个问题：首先是公司的薪酬包怎么确定，其次是部门的奖金包怎么确定，最后是部门拿到奖金包后怎样分配到个体层面。

这里主要讨论前两个问题。华为采用获取分享制的方法，就是所有要获取的收入都应该是产出的一部分。具体设计如下：首先在公司薪酬规划层面达成一致、建立共识，将刚性的工资薪酬比例保持在销售收入的 10% ～ 12%，弹性的奖励占 6% ～ 8%。基线设定后，财务数据的计算也要发生变化。

基于以上实践产生了薪酬包的概念，它包括在员工身上所有投入的总和（工资、福利、奖金包等）。薪酬包减去过程中发放的奖金、工资，剩下的就是奖金包。华为的获取分享制通过薪酬包得出奖金包，表现出的价值导向是员工分享经营成果。我们以表 6 - 1 的数据为例分析薪酬包的分配。年初制定的销售收入目标是 300 亿元，按照分享计划，薪酬包占比 18%，先拿出 10% 作为工资包，年初拨付，部门经理可以据此做调薪计划。

到了年底绩效考核时，如果公司刚好完成 300 亿元业绩，按照获取分享制的原则，薪酬包占比 18% 即 54 亿元，过程中已经发放了 30 亿元工资包，剩下的 24 亿元就是当年可以继续分享的奖金包；如果业绩突出，完成了 330 亿元业绩，薪酬包是 59.4 亿元，剩下的 29.4 亿元就是奖金包；如果业绩欠佳，只完成了 270 亿元业绩，薪酬包是 48.6 亿元，只剩 18.6 亿元作为奖金包。

表 6-1　华为的薪酬包分配比例表

销售收入目标	300 亿元
工资包基线比例	10.00%
年度工资包	30 亿元
情况 1：实际完成 100%	300 亿元
实际工资包占比 1	10.00%
奖金包基线比例 1	8.00%
奖金包 1	24 亿元
情况 2：实际完成 110%	330 亿元
实际工资包占比 2	9.09%
奖金包基线比例 2	8.91%
奖金包 2	29.4 亿元
情况 3：实际完成 90%	270 亿元
实际工资包占比 3	11.11%
奖金包基线比例 3	6.89%
奖金包 3	18.6 亿元

由此可以看出获取分享制的几个特点：

首先，薪酬包不直接与经营目标挂钩，而是直接与实际完成的业绩挂钩。员工最后能够分享到的薪酬包，跟原来设定的目标没有关系，而是和最后实际完成情况相关，这样就能减少目标博弈。

其次，薪酬包不直接与完成业绩的人数挂钩。例如，如果全年完成 300 亿元业绩，不管是 10 000 人完成的，还是 12 000 人完成的，所获得的薪酬包都是 54 亿元。这样能有效督促部门主管做好人力资源管理，不养懒人、闲人。

最后，获取分享的系数（见图6-1）可以相对稳定，并保持一定的竞争力，这样做的好处是可以在时间轴上保持均衡，以落实可持续发展理念。

奖金包=薪酬包-过程中已经支付的工资包（含福利）

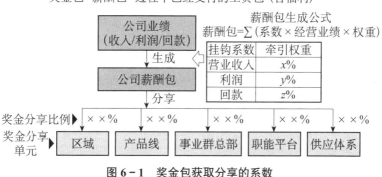

图 6-1 奖金包获取分享的系数

早期华为只使用营业收入指标设计获取分享制。随着公司越来越成熟，对管理的诉求越来越多，指标扩展为三个：营业收入、利润、回款，每个指标配以相应的权重。权重如何设计？权重定义和落实的是战略诉求，和公司发展阶段、战略考虑有关：是规模优先、利润优先，还是现金流优先；在各经营单元内部，如何分配薪酬包。也可以把公司层面薪酬包的管理逻辑导入部门，在部门层面采用相似的获取分享逻辑，这样就容易建立自我约束与自我解决的机制。

由图6-2可以看出获取分享制在经营单元内部的逻辑和实

践路径。经营单元内部包括经营部门和非经营（管理）部门，经营部门根据经营业绩生成薪酬包，其产生机理和公司层面一致，通过公式计算得来。非经营部门的薪酬包可以使用跟随机制产生。跟随机制就是计算经营部门薪酬包的平均增长率，再乘以一定的折扣，得到非经营部门的薪酬包增长率。乘以折扣主要是为了体现"拉车"和"推车"的不同。经营部门是拉车的，非经营部门是推车的，拉车的要增长高一些，推车的则相对要打个折扣，折扣多少可以根据绩效评价结果而定。

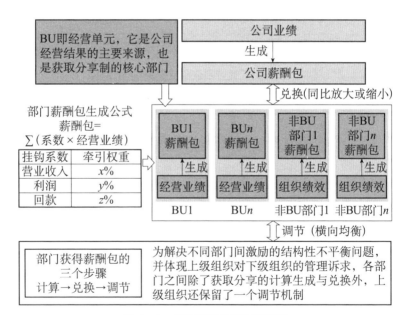

图 6-2　华为获取分享制的落地

除了上述机制，华为还设置有调节机制。所谓调节机制，

就是把每个部门的薪酬包汇聚起来，由公司经营管理团队统筹
审视是否均衡，以体现不同部门不同分配导向的原则。经营过
程中会有很多黑天鹅事件，如某个部门遭遇"自然灾害"，当
年的薪酬包锐减，"自然灾害"结束后又恢复很好的收成。所
以有必要建立一种调节机制，由公司管理团队出面补助碰到
特殊情况的部门，并在情况好转时扣回之前的补助分配给其他
部门。

6.2　新模式下的新福利计划

华为六君子之一、中国人民大学劳动人事学院彭剑锋教授
在《战略人力资源管理：理论、实践与前沿（第 2 版）》中将福
利定义为：企业向员工提供的除工资、奖金之外的各种保障计
划、补贴、服务以及实物报酬。[①]

6.2.1　福利种类

企业的福利可以分为两个部分：一部分为法定福利，是国

———————
① 彭剑锋. 战略人力资源管理：理论、实践与前沿 .2 版 . 北京：中国人民大
学出版社，2022.

家的政策、法律和法规要求企业必须为员工提供的各种福利；
另一部分为非法定福利，具有灵活性与可操作性。

1. 法定福利

我国的法定福利简称为"五险一金"，即基本养老保险、基
本医疗保险、失业保险、工伤保险、生育保险和住房公积金
（见图 6-3）。

图 6-3　法定福利

2. 非法定福利

非法定福利是指企业根据自身的管理特色和员工的内在需
求，向员工提供的各种补充保障计划，以及向员工提供的各种
服务、实物、带薪休假等，通常有以下形式：

（1）企业补充医疗保险计划。法定福利中医疗保险的保障
水平有限，员工如果生病住院，通常还要自己承担一部分费用，
可能负担较大。所以，许多企业为员工建立了补充医疗保险，
员工生病住院所需医疗费用除了医疗保险报销的部分以外，企

业补充医疗保险计划会负担一定比例，员工个人所需承担的费用就很少了。

（2）公休假日。公休假日是指劳动者通常的周末休息时间。我国实行每周 40 小时工作时间，劳动者每周可以享受两天公休假日。

（3）法定年节假日。法定年节假日是指法定的年节及纪念日。在我国具体指新年、春节、清明节、劳动节、端午节、中秋节、国庆节和法律法规规定的其他休假节日。

（4）额外金钱收入。比如在年终、中秋、端午、国庆等特殊时点发放的过节费、物价补贴等。

（5）超时酬金。包括超时加班费、节假日值班费或加班的餐食补贴等。

（6）住房性福利。包括免费单身宿舍、夜班宿舍、廉价公租房、购房低息或无息贷款、购房补贴等。

（7）交通性福利。包括企业班车服务、市内公交费补贴或报销、购买个人交通工具低息或无息贷款及补贴、交通工具保养费、燃料补助、交通部门向员工提供的折价票购买权或者内部签票权等。

（8）饮食性福利。包括免费或低价的工作餐、工间休息的免费饮料、餐费报销、免费食品、集体折扣代购食品等。

（9）教育培训性福利。包括企业内部在职或短期的脱产培训、企业外公费进修（业余、部分脱产或脱产）、报刊订阅补贴、专业书刊购买补贴等。

（10）医疗保健福利。包括免费定期体检、免费疫苗注射、药费或滋补营养品报销或补贴、职业病免费防护、免费或优惠疗养等。

（11）意外补偿金。包括意外工伤补偿费、伤残生活补助、死亡抚恤金等。

（12）离退休福利。包括退休金等。

（13）带薪休假。除周末及法定节假日和病假、产假外，每月或每年向员工提供若干带薪休假日，其长短按照年资工龄的不同而区别对待。

（14）文体旅游性福利。包括集体文体活动（晚会、舞会、郊游、野餐、体育竞赛等），自建文体设施（运动场、游泳池、健身房、阅览室、书法室等），免费或折扣电影、戏曲、表演、球赛票券，免费车票、船票、机票订购业务等。

（15）金融性福利。包括信用卡储备金、存款账户特惠利率、低息贷款、预支薪金、额外困难补助金等。

（16）其他生活福利。包括洗澡津贴、理发津贴、降温津贴、取暖津贴，以及优惠价提供本企业产品或服务等。

6.2.2 福利管理

面对这么多福利项目，是否头晕目眩？鉴于此，福利管理的问题随之而来。有些福利是国家或地方政府用法律形式规定的，企业必须为员工提供。福利可以在税前列支，这也是国家给员工的一种照顾性规定。同时为了维护税收安全，法律也规定了相应可列支项目的最高限额。除此之外，企业管理人员在制定福利决策时还应考虑以下问题。

1. 企业战略与员工福利的适配度

随着项目的发展以及发放方式的多样化，福利作为整体薪酬、企业人工成本的一部分，在企业中的作用越来越大，如何更好地发挥福利对企业发展的支撑作用逐渐受到重视。与工资、奖金等一样，福利发放时也要考虑企业战略，以支撑战略实现为目标。比如对一个重视销售的企业来说，它的福利应更具有刺激性，而且应与业绩联系在一起，引导员工更好地完成销售任务。

2. 不同人才在福利中的受益情况

根据价值性和特殊性，企业中的人才可分为四类：核心人才、通用人才、独特人才和辅助人才。四类人才对企业的价值不同，所以在福利管理上，应该根据不同人才进行区分，以在同样成本的情况下使福利发挥更大的激励作用，使企业得到更多的回报。

3. 弹性福利计划

弹性福利计划又称自助餐式福利，是一种有别于传统固定式福利的新型员工福利制度，正在被越来越多的企业采用。在弹性福利计划中，员工可以依照需求从企业所提供的一份列有各种项目的福利"菜单"中自由选择。弹性福利计划非常强调员工参与的过程，希望真实准确地了解员工的需要。

不过，实施弹性福利计划的企业并不会让员工毫无限制地挑选项目，否则成本太高，难以实现。通常的做法是，企业根据员工的薪酬、年资或家庭情况等因素设定每个员工所拥有的福利限额。福利清单列出的福利项目都会附一个金额，员工只能在限额内选择心仪的福利。

设计弹性福利体系时一般遵循以下步骤：

（1）系统清点目前提供的所有福利项目。

（2）查明自行设立福利项目的原因。

（3）对向员工个人和整体按规定提供的和自行设立的福利项目进行精的年度预算，包括绝对数值和所占的百分比。

（4）定期开展员工调查和问询，了解他们对所设立福利项目的重要性和满意度的意见。

(5)定期将福利政策与工会和其他行业协会的政策,以及竞争对手的政策进行比较。

(6)为了达到随时为员工提供有吸引力的福利的目标,要不断调整福利政策以适应环境条件的变化。当然,前提是必须符合经济原则,要注意福利导向与直接报酬相冲突的问题。

(7)为保证福利政策和实践相统一,必须将其全面系统地编写到员工手册中。

基于上述步骤,企业会发现许多福利项目并未达到目标,只是一项徒有其名的开销。现实情况往往是不符合员工需要的福利项目还在继续提供,而那些随着价值观转变希望被提供的福利项目却无法选择。为了使福利的分配更加符合个体需要,更好地满足企业的利益,有必要考虑引入弹性福利政策,但要注意不能损害薪酬模式的透明度,避免福利的不公平,而且要把管理消耗控制在一定限度内。

基于知识经济时代管理人性化的需要,薪酬包和福利不再是管理者、HR 和员工之间的简单博弈。即使是博弈,薪酬包和福利也应该是双赢博弈而不是零和博弈。企业发展、员工成长才是多头博弈的终极目标,才符合价值分配的理念。

6.3 中高管的长期激励计划

行文至此，我们对薪酬包和福利有了全景认识，最后把目光投向深国投中高管的长期激励计划。此部分全部为实际操作，有身临其境之感。2007 年实施人力资源管理变革后，深国投的业务开始高歌猛进，在商业地产快速发展和公司持续盈利的同时，深国投需要在长期激励领域探索出新的道路。

为实施中高管的长期激励、促进公司长远发展，深国投委托笔者进行股权激励计划设计。股权激励是长期激励的一种，深国投实施整体变革之后，笔者就其实施股权激励的必要性、各方案比较、方案设计、管理方式等方面进行了深入思考。

6.3.1 实施股权激励的必要性

股权激励指在对公司核心人才进行绩效考核的基础上，以本公司股权等方式作为对高级管理人员的奖励或奖励的一部分。公司实施股权激励有以下必要性。

1. 缓解委托代理矛盾的需要

公司股东追求的目标是股东权益最大化，公司核心人才追求的目标则是最大限度地实现自身价值。传统薪酬模式下，以工资、奖金等现金为主的奖励方式无法有效协调双方的目标，容易引起双方利益上的冲突，增加公司的委托代理成本。股权激励以公司股权支付核心人才的部分薪酬，将双方利益统一，减少了监督成本。

2. 战略落实的需要

股权激励是薪酬战略中非常重要的一部分，而薪酬战略又是基于公司战略设计的。深国投立足于"商业 + 金融 + 开发"的地产发展模式，立志在未来数年内打造中国最具规模和影响力的商业地产公司。"工资 + 奖金 + 福利"包并不能完全解决公司的战略发展问题，股权激励应运而生。

3. 绩效导向的需要

公司的职务等级划分和绩效考核标准都可以产生明确的知识和技能导向，薪酬水平则应建立在内部各岗位知识和技能含量公平的基础上并配合这种导向。公司核心人才受激励的程度与他们绩效的好坏高度相关，因此在快速发展、长期业绩与短期业绩并重的前提下，股权激励是深国投非常恰当的选择。

4. 稳定人才的需要

深国投处于高速发展期，人才尤其是核心人才的稳定至关重要，这直接关系到公司今后的顺畅发展。股权激励是长期激励的一种，持续时间较长，一般为 3 ～ 5 年，这显然对稳定核心人才队伍有非常积极的作用。

5. 长期激励的需要

公司薪酬结构中，奖金属于短期激励，而股权属于长期激励，这就将核心人才的短期行为和长期行为结合起来。在薪酬中传递长期激励的信息，可以使核心人才更重视股东价值和盈利，重视企业的长期发展，而不是一味追求规模和营业额。

6. 薪酬战略的需要

实行股权激励的公司薪酬目标是使核心人才的薪酬水平高于市场平均水平。研究发现，如果将市场上各公司包括CEO在内的核心人才的薪酬从低到高排序，实行股权激励的公司通常将核心人才的薪酬水平定位在第75百分位。第75百分位的薪酬定位正是公司对薪酬设计的一种战略性要求。

7. 时机的需要

公司实行股权激励与向核心人才支付高于市场平均水平的薪酬之间存在必然联系。从薪酬水平和是否实施股权激励来看，有如下六种组合（见表6-2）。

表6-2　薪酬水平与股权激励组合表

股权激励	薪酬水平		
	低于市场平均水平	等于市场平均水平	高于市场平均水平
不实施股权激励	组合一	组合三	组合五
实施股权激励	组合二	组合四	组合六

表6－3给出了六种组合在不同方面的效果，深国投当时属于组合六的模式，可以看到其一旦实施股权激励，会有非常好的效果。

表 6－3　六种组合的效果

方面	组合一	组合二	组合三	组合四	组合五	组合六
所吸引人才的素质	极低	低	中	中	高	极高
核心人才承担的风险	低	高	低	高	低	高
激励程度	极低	低	低	中	中	高

6.3.2　股权激励方案的比较

股权激励有多种方法，例如股票期权计划、员工持股计划、受限股票计划、虚拟股票计划等。

1. 股票期权计划

在股票期权计划中，公司给予员工在未来确定的年份按照固定的价格购买一定数量公司股票的权利。这种计划是让激励对象持有一定数量本公司股票的有计划的股权安排。被激励者得到公司股票的途径可以是公司无偿赠予，也可以是自己出资购买，公司有条件地提供补贴以及资金支持等。参与股票期权计划的被激励者得到的是实实在在的股票，拥有相应的表决权和分配权，并承担公司亏损和股票降价的风险。股票期权计划是一种完全意义上的所有权分享计划，旨在建立企业、所有者与员工三位一体的利益共同体。

2. 员工持股计划

员工持股计划是指由公司内部员工出资认购本公司部分股权，委托一个专门机构（如职工持股会）托管运作，集中管理，再由该专门机构作为社团法人进入董事会参与管理、按股份分享红利的一种新型股权安排形式。

3. 受限股票计划

受限股票计划是专门为某一特定计划而设计的长期激励机制。所谓受限股票，是指核心人才出售这种股票的权利受到限制，只限定某些特定情况。具体步骤为：薪酬委员会预期战略目标实现后公司的股票价格将上涨到某一目标价格，然后公司将受限股票无偿赠予高级管理人员或者授权他们以远低于市场平均水平的价格购买。只有股票价格达到或超过目标价格时，高级管理人员才可以出售受限股票并从中获益。受限股票还有一个特征是不可转让，而且公司有权将无偿赠予的受限股票收回，或者以核心人才购买时的价格回购。公司采用受限股票计划的目的是激励核心人才将更多的时间精力投入长期战略目标中。

4. 虚拟股票计划

虚拟股票计划是指公司授予激励对象一种虚拟的股票，如果实现业绩目标，则被授予者可以据此享受一定数量的分红，但没有所有权和表决权，不能转让和出售，在离开公司时自动失效。在虚拟股票持有者实现既定目标时，公司支付给持有者收益的形式，既可以是现金或等值股票，也可以是两者相结合。虚拟股票计划实际上通过其持有者分享公司剩余索取权，将他们的长期收益与公司效益挂钩。持有虚拟股票并不是实质上认购公司股票，而是获取公司未来分红的凭证或权利。只要公司正常盈利，持有者就可以获得一定收益。

尺有所短，寸有所长。各种股权激励方案的比较如表6-4所示。

表6-4 各种股权激励方案的比较

	股票期权计划	员工持股计划	受限股票计划	虚拟股票计划
实施根本目的	激励员工	所有权文化	激励员工	激励员工
激励强度	高	低	中	较高
是否可以转让	是	否	否	否
预计授予对象	高管、部分或全体员工	高管、部分或全体员工	高管	高管、部分或全体员工
所处行业特点	高科技及高成长性行业	所有行业	所有行业	所有行业
企业法律性质	上市公司	上市公司或非上市公司	上市公司或非上市公司	上市公司或非上市公司

续表

	股票期权计划	员工持股计划	受限股票计划	虚拟股票计划
地域法律法规	符合上市地法律法规	符合注册地、上市地法律法规	符合注册地法律法规	无要求
股权稀释作用	一般	较高	较低	不会稀释原股东股权比例
现金流量影响	授予时无影响，行权时流出	授予时流入，分红时流出	授予时无影响，出售时流出	授予时流入，分红时流出
企业上市计划	一般有明确的上市计划	无要求	无要求	无要求

根据深国投的现实情况和要求，对各种方案进行了二维度分析，如表6-5所示。

表6-5　深国投现状与股权激励方案二维度分析

	公司现实情况	股票期权计划	员工持股计划	受限股票计划	虚拟股票计划
实施根本目的	长期激励	√	×	√	√
激励强度	强度适中、稳定第一	×	×	√	?
是否可以转让	不能转让	×	√	√	√
预计授予对象	核心人才	√	√	√	√
所处行业特点	商业地产	√	√	√	√
企业法律性质	非上市公司	×	√	√	√
地域法律法规	注册地无相关法规	√	×	?	√
股权稀释作用	可接受一定稀释	×	√	√	√
现金流量影响	现金流量充裕	√	√	√	√
企业上市计划	有初步上市计划	?	√	√	√

注：√表示可行，×表示不可行，?表示尚待确定。

从表6-5可以看出，适用于深国投的方式有受限股票计划和虚拟股票计划两种，我们重点对这两种方式进行比较分析，同时参照了华为的实践，最后决定将受限股票计划和虚拟股票计划结合起来运用，即限制性虚拟股票，这样既保证了股票的激励性，也减少了激励造成的波动。

后文所有测算都基于如下假设进行：

假设1：公司用于股票激励基金的金额为6 000万元。

假设2：公司股票激励的首次启动基金为1 500万元。

假设3：员工个体的绩效水平均为良好，绩效系数为1.02。

假设4：首次授权时的基础股票价格为每股1元。

6.3.3　限制性虚拟股票的方案设计

1. 限制条件

（1）授予对象的限制。我国证监会2005年颁布的《上市公司股权激励管理办法（试行）》规定：激励对象可以包括上市公司的董事、监事、高级管理人员、核心技术（业务）人员，以及公司认为应当激励的其他员工，但不应当包括独立董事。深国投当时有初步上市计划，因此其股票激励的对象应符合规定。同时根据深圳内部员工持股相关规定，员工持股的资格由各公司自行决定，但非公司员工不得以任何方式参加内部员工持股。①

利用 2005 年的相关数据，将这些激励对象组合与相对应行业平均业绩水平之间的关系进行描述性统计，结果表明：在不同的激励对象组合中，以董事、高级管理人员为激励对象的公司占比最小，但每股收益高出行业平均水平的幅度最大；以董事、高级管理人员、监事为激励对象的公司占比最大，但每股收益超出的幅度最小，且为负数。此外，凡将核心技术（业务）人才纳入激励对象的公司，无论是每股收益还是净资产收益率都超出行业平均水平。从整体来看，以董事、高级管理人员、监事为激励对象效果最差。

因此在不违背法律法规规定的情况下，深国投的股票激励对象宏观上分为四类（见表 6-6）。

表 6-6　限制性虚拟股票的授予对象

职级	职位
决策层	公司总经理、公司副总经理、公司总经理助理
高级管理层	部门经理、部门副经理、部门经理助理、公司投资总监、公司人力资源总监、公司财务总监、公司工程总监、省公司总经理、省公司副总经理、省公司总经理助理、省公司总监
核心技术（业务）人才	公司不可或缺的核心技术（业务）人才
普通员工	经董事会认可的、对公司有重大贡献的普通员工

注：若以上人员身兼两个职位，则按职级高的进行分类。

---

① 本案例遵循 2005 年相关法律法规，仅供学习参考，2016 年发布的《上市公司股权激励管理办法》规定有所调整。

（2）授予数量与定价的限制。授予数量受到员工个体的绩效、司龄、岗位系数的影响。授予定价受到深国投整体财务指标的影响，如净资产、净利润、融资额等。

（3）被授予者权利的限制。被授予限制性虚拟股票的员工按规定享有股票的行权资格。出售时公司以上一期股价回购员工可行权的部分股票，其余未行权部分由公司收回。被授予限制性虚拟股票的员工可以据此享受一定数量的分红，但没有所有权和表决权，不能转让和出售，在离开公司时自动失效。

（4）行权条件的限制。公司需要完成年初董事会设定的各项指标。员工绩效必须达到合格水平，在行权期内行权。

2. 授予时间

限制性虚拟股票有三种授予时间：

（1）入职经过3个月的试用期后：对于引进的特殊人才，不仅要在工资、福利以及奖金上给予一定的浮动，有必要的可以经董事会讨论授予股票。

（2）每年年终考核后：根据考核结果以及公司当年的利润等财务指标，按约定对股票激励对象授予限制性虚拟股票。

（3）特殊时点：核心技术（业务）人才产生重大科技成果、普通员工做出重大贡献时，授予限制性虚拟股票。

以上三种时间，第二种最常用，第一种使用较少，仅针

对公司急需引进的稀缺人才；第三种使用也较少，只针对特殊
事件。

3. 授予期

股票定价为 1 元 / 股，则股票共 6 000 万股。公司拟于
5 年后上市，授予周期为 3 个，授予期为 5 年，具体时间如表
6 - 7 所示。

表 6 - 7　限制性虚拟股票的授予期

授予期	第一年	第二年	第三年	第四年	第五年	第六年	比例（%）	数额（万元）
第一周期	25%	25%	50%	—	—	—	25%	1 500
第二周期	—	25%	25%	50%	—	—	25%	1 500
第三周期	—	—	25%	25%	50%	—	25%	1 500
留存	—	—	—	—	—	—	25%	1 500
累计	25%	50%	100%	75%	50%	—	100%	6 000
行权期	第一年	第二年	第三年	第四年	第五年	第六年	比例（%）	数额（万元）
第一周期	—	25%	25%	50%	—	—	25%	1 500
第二周期	—	—	25%	25%	50%	—	25%	1 500
第三周期	—	—	—	25%	25%	50%	25%	1 500
留存	—	—	—	—	—	—	25%	1 500
累计	—	25%	50%	100%	75%	50%	100%	6 000

由表 6 - 7 可以看出，实际上第四年和第五年的股票授予只
针对公司的少部分特殊员工，大范围的限制性虚拟股票授予集
中在第一年、第二年和第三年。根据深圳的规定，公司根据发

展的需要，在内部员工持股总额中，可设置部分预留股份，以供具备资格的新增员工认购，预留股份占员工持股总额的比例原则上不得超过30%，故深国投将6 000万元中的25%纳入留存股票账户。

4. 授予数量

根据员工的岗位价值系数、司龄以及绩效情况确定限制性虚拟股票系数，授予数量由分配系数以及股票总数量确定。下面以第一周期为例进行分析，具体到职位可参考表6-8计算，其他周期依此类推。

表6-8　限制性虚拟股票授予数量（以第一周期为例）

职位名称	人数	岗位系数	平均司龄（年）	绩效水平	分配系数	限制性虚拟股票系数	第一周期授予股票数量总额（股）
公司总经理	1	10.0	4.0	1.02	10.61	3.17%	475 500
公司副总经理	3	8.0	4.0	1.02	8.49	2.53%	379 500
公司总经理助理	2	7.0	3.0	1.02	7.35	2.20%	330 000
部门经理	8	5.0	3.5	1.02	5.28	1.58%	237 000
部门副经理	8	4.5	3.2	1.02	4.74	1.41%	211 500
部门经理助理	8	4.0	3.0	1.02	4.20	1.25%	187 500
省公司总经理	12	5.0	3.6	1.02	5.28	1.58%	237 000
省公司副总经理	12	4.5	3.0	1.02	4.73	1.41%	211 500

续表

职位名称	人数	岗位系数	平均司龄（年）	绩效水平	分配系数	限制性虚拟股票系数	第一周期授予股票数量总额（股）
省公司总经理助理／总监	12	4.0	2.8	1.02	4.19	1.25%	187 500

分配系数 = 岗位系数 ×（1+ 司龄／100）× 绩效水平

个体限制性虚拟股票系数 = 个体分配系数／$\sum$ 个体分配系数

某员工股票数量 = 限制性虚拟股票系数 ×1 500 万股

具体到每个年度，则可以按照表 6-9 中的方法计算。

表 6-9　各年度股票数量累计表（以第一周期为例）　　　单位：股

职位名称	总数	第一年 25%	第二年 25%	第三年 50%	备注
公司总经理	475 500	118 875	118 875	237 750	第二年、第三年数量为计划数量，具体可能根据绩效情况有一定幅度的调整
公司副总经理	379 500	94 875	94 875	189 750	
公司总经理助理	330 000	82 500	82 500	165 000	
部门经理	237 000	59 250	59 250	118 500	
部门副经理	211 500	52 875	52 875	105 750	
部门经理助理	187 500	46 875	46 875	93 750	
省公司总经理	237 000	59 250	59 250	118 500	
省公司副总经理	211 500	52 875	52 875	105 750	
省公司总经理助理／总监	187 500	46 875	46 875	93 750	

5. 行权价格

深国投属于高资金密集型和高人才密集型企业，为了增加股权激励计划的约束力，我们在假设中把限制性虚拟股票的授权基础股票价格定为每股 1 元，方案的关键是要设计好限制性虚拟股票的兑现价格。由于限制性虚拟股票只能在本公司内部流通，因此价格应该与公司经营业绩紧密联系，并与业绩评价指标挂钩。通过对众多房地产公司进行调查，统筹考虑综合评价法、经济增加值法等各种定价方法后发现，仅以公司净利润的增长率作为股票价格的增长率，并不能全面反映公司真实的经营状况。为了全面合理反映公司实际运作状况，结合经济增加值法的优点，我们为深国投设计了如下限制性虚拟股票兑现价格的计算公式：

$$P_i = P_{(i-1)} \times (1 + G_i)$$

$$G = A_1 \times Y_1 + A_2 \times Y_2 + A_3 \times Y_3$$

其中，$P_{(i-1)}$ 为限制性虚拟股票每股的兑现价格；P_i 为上一年限制性虚拟股票每股的兑现价格；G_i 为限制性虚拟股票每股价格增长率（假定每年增长 2%）；Y_1 为公司净资产环比增长率；Y_2 为公司净利润环比增长率；Y_3 为公司长期资本报酬率；A_1、A_2、A_3 为权重，用来调整相关指标的重要程度，三者之和为 1。

6. 行权内容

（1）行权分红：持有人在窗口期内对已生效的限制性虚拟股票提出行权分红申请，向公司财务部门领取该期的分红款项。

（2）行权兑现：持有人在窗口期内对已生效的限制性虚拟股票提出行权兑现申请，以现金形式获得限制性虚拟股票的当期价值。

（3）保留：持有人对已生效的限制性虚拟股票暂不进行任何实质性的操作，既不购买也不兑现，但保留在限制性虚拟股票有效期内进行行权的权利。

（4）分红转股：持有人在窗口期不作为，其限制性虚拟股票的分红自动按当期股价转为限制性虚拟股票，进入员工的个人股票账户。

（5）期末转股：持有人在本期限制性虚拟股票计划期末，由于公司上市导致其限制性虚拟股票按照规定转为公司股票，享有所有权利。

原则上公司允许除第二种情况以外的其他所有行权方式，第二种情况的生效需满足一些前提条件。

7. 限制性虚拟股票的变化

限制性虚拟股票的变化主要有两个方面：

（1）每年发放股票总数量的变化。正常状况下，每年限制性虚拟股票的数量会发生小幅波动，波动的主要原因来自司龄和绩效水平的变化，但不会太大。据估算可能带来的最大变动为 1%。

（2）股票行权价格的变化。由于将股票的行权价格和公司经营状况挂钩，每年的兑现价格和上一期的兑现价格之间会有一定差距，但根据上面的计算公式可知，变动同样是小幅的。

以上两点会引起每年基数的一些浮动，但并不是很大，超出部分完全可以用留存股票基金来弥补，减少部分则可以划入留存股票基金。这样的浮动刚好将员工绩效与公司发展这两个短期目标和长期目标有效结合在一起。

8.限制性虚拟股票的授予与行权示例：以总经理为例

由于计算期间较长，某些指标无法通过现有数据进行时间序列分析，需要结合整体数额以及税务情况进行详尽分析。下面仅以总经理一人为例，进行授予期和兑现期的分析，具体如表6-10和表6-11所示。

假设限制性虚拟股票每股价格增长率 G 匀速增长，每年为2%，具体数值每年由资金财务部测算，A_1、A_2、A_3 由公司董事会决定。

表6-10　限制性虚拟股票第一周期分配总表（以总经理为例）

年数	岗位系数	司龄（年）	绩效水平	分配系数	限制性虚拟股票系数	第一周期授予股票数量总额（股）
第一年	10	4	1.02	10.61	3.17%	475 500
第二年	10	5	1.05	11.03	3.29%	493 500

续表

年数	岗位系数	司龄（年）	绩效水平	分配系数	限制性虚拟股票系数	第一周期授予股票数量总额（股）
第三年	10	6	1.00	10.60	2.82%	423 000

分配系数 = 岗位系数 × （1+ 司龄 / 100） × 绩效水平

个体限制性虚拟股票系数 = 个体分配系数 / $\sum$ 个体分配系数

公司总经理股票数量 = 限制性虚拟股票系数 × 1 500 万股

由此可以计算出总经理持有股票在行权期的股价变化，如表6-12所示。进而推算出总经理行权后的限制性虚拟股票价值（见表6-13）。

由此，总经理的收益就变得非常明晰了（见表6-14）。

6.3.4　限制性虚拟股票的管理方式

传统意义上的股权激励通常有职工持股会或信托两种管理方式。我们结合深国投的情况，对职工持股会的管理方式进行剖析，以得到一个最合适的解决方案。

职工持股会通常分为职工持股会的社团法人管理和职工持股会的非法人团体管理，具体有五种：职工持股会的社团法人管理、依托工会的职工持股会的非法人团体管理、职工持股会的代理型非法人团体管理、内部信托模式下的职工持股会、外部信托模式下的职工持股会。各种管理主体的比较如表6-15所示。

表 6-11 各周期股票数量累计表（以总经理为例）

单位：股

授予期	第一年	第二年	第三年	第四年	第五年	第六年	总额
第一周期	118 875	118 875	237 750	—	—	—	475 500
第二周期	—	123 375	123 375	246 750	—	—	493 500
第三周期	—	—	105 750	105 750	211 500	—	423 000
累计	118 875	242 250	466 875	352 500	211 500	—	1 392 000
行权期	第一年	第二年	第三年	第四年	第五年	第六年	总额
第一周期	—	118 875	118 875	237 750	—	—	475 500
第二周期	—	—	123 375	123 375	246 750	—	493 500
第三周期	—	—	—	105 750	105 750	211 500	423 000
累计	—	118 875	242 250	466 875	352 500	211 500	1 392 000

表 6-12 行权期股价变化

单位：元/股

行权期	第一年	第二年	第三年	第四年	第五年	第六年
第一周期	1	1.02	1.040 4	1.061 2	—	—
第二周期	—	—	1.040 4	1.061 2	1.082 4	—
第三周期	—	—	—	1.061 2	1.082 4	1.104 1

表 6 - 13　行权后限制性虚拟股票价值

单位：元

行权期	第二年	第三年	第四年	第五年	第六年	累计
第一周期	121 253.00	123 677.55	252 302.20	—	—	497 232.75
第二周期	—	128 359.35	130 926.54	267 090.14	—	526 376.03
第三周期	—	—	112 222.75	114 467.20	233 513.09	460 203.04
累计	121 253.00	252 036.90	495 451.49	381 557.34	233 513.09	1 483 811.82

表 6 - 14　行权收益表

单位：元

行权期	第二年	第三年	第四年	第五年	第六年	累计
第一周期	2 377.50	4 802.55	14 552.20	—	—	21 732.25
第二周期	—	4 984.35	7 551.54	20 340.14	—	32 876.03
第三周期	—	—	6 472.75	8 717.20	22 013.09	37 203.04
累计	2 377.50	9 786.90	28 576.49	29 057.34	22 013.09	91 811.32

表 6-15　限制性虚拟股票的管理主体比较

	职工持股会的社团法人管理	依托工会的职工持股会的非法人团体管理	职工持股会的代理型非法人团体管理	内部信托模式下的职工持股会	外部信托模式下的职工持股会
法律适用性	是	否	否	否	是
基金独立性	中	低	中	中	高
基金营利性	低	低	低	高	高
管理成本	低	中	低	低	高
管理风险	中	高	高	中	中
人数限制	无	无	有	无	无

以第一种方式为例，职工持股会被定义为由公司内部职工自愿组织成立的经过依法核准登记的社团法人。该持股会不依赖于任何其他组织，而是以新设立的社团法人名义进行职工股份的集中和管理工作。这种定位下的职工持股会具有以下特点：（1）职工持股会是社团法人。即由公司职工自愿出资组成并经社会团体管理办公室或者民政部门依法核准登记。（2）每个公司只能设立一个职工持股会，并且要具备一定的基本条件。不同地方的规定具有很大差异，北京的规定为：会员人数在50人以上，注册资金不低于人民币10万元；会员共同制定职工持股会章程；建立相应的职工持股会组织机构；已经改制为有限责任公司或股份有限公司的企业，需经股东会同意。深圳没有相关法律对持股会的成立条件进行具体规定。

比较而言，只有职工持股会的社团法人管理和外部信托模式下的职工持股会适合深国投，但是外部信托模式下的职工持股会管理成本过高，同时公司对基金的盈利期望也不是很高。最后，我们选定了职工持股会的社团法人管理模式。

参考文献

[1] Barney J B. Firm resources and sustained competitive advantage. Journal of Management, 1991, 17（1）.

[2] Donnelly R, Johns J. Recontextualising remote working and its HRM in the digital economy：an integrated framework for theory and practice.The International Journal of Human Resource Management, 2021, 32（1）.

[3] Jiang K F, Lepak D P, Han K, et al. Clarifying the construct of human resource systems：relating human resource management to employee performance.Human Resource Management Review, 2012, 22（2）.

[4] Tambe P, Cappelli P, Yakubovich V. Artificial intelligence in human resources management：challenges and a path forward. California Management Review, 2019, 61（4）.

[5] Vignieri V.Framing the sources of image of a local area through outcome-based dynamic performance management.Public Organization Review, 2019（1）.

[6] Zang S, Ye M. Human resource management in the era of big data. Journal of Human Resource and Sustainability Studies, 2015,

3（1）.

[7] 陈洪权，陈舒文.人力资源部被"炸掉"之后：基于 HRBP 战略本土化转型思考.中国人力资源开发，2015（20）.

[8] 陈伟.基于素质模型的国有房地产开发项目人力资源管理研究：以 J 公司 H 项目为例.中国市场，2021（24）.

[9] 程伟，赵健梅，张丽娜. 世界一流企业中长期激励机制研究. 宏观经济研究，2012（12）.

[10] 戴维·尤里奇.人力资源转型为组织创造价值和达成成果.李祖滨，孙晓平，译.北京：电子工业出版社，2015.

[11] 冯康睿.华为的成长之路与股权激励.全国流通经济，2017（2）.

[12] 葛明磊.项目 HRBP 后备人才培养的探索性研究：以华为公司为例.中国人力资源开发，2015（18）.

[13] 郭存红.素质模型在企业人力资源管理中的地位和作用.财富时代，2020（2）.

[14] 郭亮.国有企业职能部门员工绩效考核方法的优化改进.中国中小企业，2021（3）.

[15] 郭长征.基于职位价值评价的长德集团宽带薪酬体系设计.长春：吉林财经大学，2017.

[16] 郭佳珊，张鹏.技术创新型企业薪酬体系设计：以华为公司为例.商业经济，2017（11）.

[17] 何莲花.试论人力资源六大模块在企业管理中的结合运用.商讯，2021（14）.

[18] 洪婧，赵明娟.员工绩效考核方法对组织绩效的影响程度研究.商业观察，2021（9）.

[19] 洪丽芸.基于胜任素质模型的 3P 薪酬模式推行难点及对策分析.商业观察，2021（17）.

[20] 胡蓓，邱敏.绩效考核目的取向与员工工作卷入：内在激励的中介作用分析.管理评论，2016，28（5）.

[21] 黄诗龙，项杰."大数据"点亮人力资源管理系统的"大智慧"：结合新华社人力资源大数据实践探析.中国传媒科技，2013（23）.

[22] 黄卫伟.以奋斗者为本：华为公司人力资源管理纲要.北京：中信出版社，2015.

[23] 黄裕涵.华为企业战略性薪酬管理的策略分析.经贸实践，2017（20）.

[24] 黄志伟.华为人力资源管理.苏州：古吴轩出版社，2017.

[25] 解海美，陈进.如何共享"人力资源服务".企业管理，2014（11）.

[26] 解秀丽.HRBP 的中国式发展.人才资源开发，2015（14）.

[27] 孔嘉欣.国有企业基于 KPI 的绩效考核研究.现代商贸工业，2020，41（5）.

[28] 李多，崔军峰.基于胜任素质模型的事业单位纪检队伍人力资源管理策略.中国无线电，2021（8）.

[29] 李华，肖虎，倪静旸.华为人力资本参与价值链利益分配机制研究.财务管理研究，2020（10）.

[30] 李华林.浅议人力资源绩效考核方法与应用见解.中国集体经济，2022（8）.

[31] 李丽，傅飞强.基于现金计划的长期激励模式设计.中国人力资源开发，2014（3）.

[32] 李练军，曹小霞.企业环境战略、环境绩效与成长绩效：文献综述与研究展望.特区经济，2016（7）.

[33] 李维芳，姜松峰.基于能力素质模型的供电企业人力资源开发管理.企业改革与管理，2017（24）.

[34] 李温蔓.数字赋能人力资源管理.人力资源，2020（23）.

[35] 李燕萍，李乐，胡翔.数字化人力资源管理：整合框架与研究展望.科技进步与对策，2021，38（23）.

[36] 梁金如，卓康俊.浅谈 HRBP 创新模式在大型企业中的应用.人才资源开发，2018（24）.

[37] 刘蕾，郭士宇.大数据时代谷歌公司人力资源管理中数据分析应用研究.中外企业家，2020（21）.

[38] 刘昕.华为的发展历程及其薪酬战略.中国人力资源开发，2014（10）.

[39] 刘旭东.中小企业发展战略研究方法评析.科技创新与生产力，2013（1）.

[40] 刘振春."三支柱"模式下人力资源管理从业者数字化职业素养提升路径研究.商讯，2022（15）.

[41] 陆德玉.企业的不同阶段如何更好地运用 HR 三支柱模型.人才资源开发，2017（16）.

[42] 罗文豪.数字化转型中的人力资源管理变革.中国人力资源开发，2020，37（7）.

[43] 罗扬.人力资源三支柱模型在企业中的应用.现代经济信息，2017（17）.

[44] 吕海华，李晓东.基于能力素质模型的供电企业人力资源开发管理.现代营销（创富信息版），2018（9）.

[45] 马浩.战略管理研究：40 年纵览.外国经济与管理，2019，41（12）.

[46] 马晓骁.民营企业薪酬管理模式优化策略研究：以华为为例.商场现

代化，2019（24）．

[47] 马岩，王慧．服务业人力资源经理胜任素质模型研究：基于双视角人力资源管理的构想．商业研究，2018（2）．

[48] 孟静．试论人力资源管理中绩效考核方法的应用．办公室业务，2018（20）．

[49] 穆胜．大数据"绝缘"人力资源管理？．中外管理，2014（8）．

[50] 倪艳，胡燕．人力资源三支柱模式在我国的应用及启示——以华为公司为例．现代管理科学，2020（1）．

[51] 彭剑锋．中国企业 HR 三支柱的变革挑战与模式重构．中外企业文化，2017（7）．

[52] 裘益政，彭思佳．国企绩效考核演进与业财融合：基于意义建构理论的分析．会计研究，2021（5）．

[53] 曲金玲，朱艳艳．"三支柱模型"在中小企业人力资源管理中的应用探讨．财经界，2022（15）．

[54] 沙莎．现代人力资源管理绩效考核方法比较分析．营销界，2019（24）．

[55] 史红静．浅论能力素质模型及其在人力资源管理中的应用．时代经贸，2020（3）．

[56] 斯蒂芬·罗宾斯，玛丽·库尔特．管理学：第 15 版．刘刚，梁晗，程曦镕，等，译．北京：中国人民大学出版社，2022.

[57] 田涛．理念·制度·人：华为组织与文化的底层逻辑．北京：中信出版集团股份有限公司，2020.

[58] 田涛，吴春波．下一个倒下的会不会是华为：任正非的企业管理哲学与华为的兴衰逻辑．北京：中信出版社，2012.

[59] 田婷．基于能力素质模型的人力资源开发管理．人才资源开发，2021

（23）.

[60] 王宏起，余作祥.企业战略研究的思想与方法.工业技术经济，1993
（1）.

[61] 王焕春.人力资源绩效考核方法分析.中外企业家，2017（18）.

[62] 王劲松，王涛.国有企业激励机制与绩效考核方法研究.中国商论，
2019（18）.

[63] 王美茹."以人为本"人才管理理念在华为的应用与启示.企业改革与
管理，2018（16）.

[64] 王敏.人力资源三支柱模型视角下的我国人力资源管理现状分析.中
国集体经济，2018（13）.

[65] 王敏智.素质模型在人力资源管理中的地位和作用.经贸实践，
2018（2）.

[66] 王婷.企业环境战略影响因素研究：基于文献综述的视角.兰州工业
学院学报，2017，24（1）.

[67] 王伟立，李慧群.华为的管理模式.深圳：海天出版社，2006.

[68] 王雪莲.能力素质模型及其在人力资源管理中的应用对策探讨.人力
资源，2020（2）.

[69] 王震.人力资源管理三支柱模型：理念与实践.中国人力资源开发，
2015（18）.

[70] 吴春波.华为的素质模型和任职资格管理体系.中国人力资源开发，
2010（8）.

[71] 吴春波.吴春波：华为的收入分配怎么做？.中国人力资源开发，
2013（20）.

[72] 吴春波.《华为基本法》深度解读（一）.中外企业文化，2015（5）.

[73] 吴春波.华为没有秘密3.北京：中信出版集团股份有限公司，2020.

[74] 吴春波，谢丹丹.吴春波：华为人力资源管理，刚刚升级到了2.0版本.中外管理，2018（8）.

[75] 吴春波，赵亚平.华为素质模型与健康型组织建设实践.中国人才，2010（21）.

[76] 吴冬梅，曾丽娜.人力资源协同管理下的HR三支柱构建.企业经济，2018（4）.

[77] 伍素芳.员工绩效考核方法对组织绩效的影响程度研究.全国流通经济，2022（14）.

[78] 西楠，李雨明，彭剑锋，等.从信息化人力资源管理到大数据人力资源管理的演进：以腾讯为例.中国人力资源开发，2017（5）.

[79] 向崇学，陈兴宇.科技型企业股权激励问题研究：以海康威视公司为例.中国管理信息化，2020，23（12）.

[80] 项文文，李达.人力资源三支柱模型及其应用案例解读.企业改革与管理，2021（12）.

[81] 谢佩洪，阎海燕，张敬来.企业战略理论主流研究方法透析.科学学与科学技术管理，2010，31（3）.

[82] 谢小云，左玉涵，胡琼晶.数字化时代的人力资源管理：基于人与技术交互的视角.管理世界，2021，37（1）.

[83] 徐静.人力资源职位描述、职位评价与任职资格评价体系构建浅论：以北京市职工服务中心为例.北京市工会干部学院学报，2016，31（4）.

[84] 杨建梅.企业战略研究的系统方法论.系统工程理论与实践，2013，33（9）.

[85] 杨亚楠，李丹.战略管理研究综述.经济论坛，2013（8）.

[86] 叶思妤，黄旭.海氏系统法在企业职位评价中的应用.中国劳动，2015（1）.

[87] 易湖停，刘翔宇.HR 三支柱创新型人力资源管理模式：案例探索与落地建议.领导科学，2019（20）.

[88] 余胜海.华为成功的秘诀：用好人 分好钱.杭州金融研修学院学报，2019（9）.

[89] 俞峰，任晓惠，曹诗语.工匠精神素质模型及其在人力资源管理中的应用.劳动保障世界，2018（2）.

[90] 岳原.人力资源三支柱模式下 HRBP 的问题与优化.中小企业管理与科技，2022（7）.

[91] 张继辰，文丽颜.华为的人力资源管理：实战版.深圳：海天出版社，2015.

[92] 张婧.人力资源"三支柱"模型及发展分析.现代商业，2018（2）.

[93] 张丽.企业数字化人力资源管理转型的未来发展.人力资源，2021（10）.

[94] 张琦英.科技型中小企业员工股权激励研究.合作经济与科技，2021（1）.

[95] 张星.职位评价中海氏系统法的改进及应用研究.太原：山西财经大学，2011.

[96] 张志辉.绩效考核在人力资源管理中的应用.中国集体经济，2021（12）.

[97] 章文.分析素质模型在企业人力资源管理中的地位及作用.中外企业文化，2021（6）.

[98] 赵春萌，孙晓梅.大数据时代人力资源管理从业者素质模型的构建研究.营销界，2020（47）.

[99] 赵稳.共享经济时代人力资源管理创新研究.中国集体经济，2022（19）.

[100] 宗淑娟.中小企业财务战略之文献综述.甘肃农业，2006（1）.

后　记

　　本书在归纳传统薪酬管理的不足的基础上，将薪酬治理总结为"一二三四"——一个组织薪酬包、二种来源（授予制、获取分享制）、三套机制（价值创造、价值评价、价值分配）和四个因素（3P1M）。本书围绕价值链管理，依据几个典型案例，对薪酬包的生成、评价和分配做了介绍，并力图从华为、深国投等中国企业的实践中找出适合管理者和HR所在企业的薪酬治理模式，体现薪酬善治的思想，实现企业和员工的双赢。

　　本书完稿之时，笔者想起华为的任正非在2022年初呼吁"多打粮食，收缩防线，准备五年严冬"的洞见。华为轮值董事长徐直军在2023年新年致辞《奋勇前进，冲破险阻，有质量地活下来》中动情地说："2023年必将是不平凡的一年，全体华为员工将奋勇前进，冲破一切艰难险阻，有质量地活下来。"

　　有质量地活下来包含两个方面：一是保障员工安稳地生活；二是激励员工最大程度地发挥斗志。这两方面都离不开企业的薪酬治理。薪酬治理包罗万象，囿于篇幅，本书并未涉及整体薪酬中的心理预期与满足的内容，那正是笔者在高校天天面对的问题。

　　总结和分析经典案例，对教学和科研具有启示意义。如果进而能在中国式现代化的背景下，达成企业和员工能够理解并接受的双赢结局、达到薪酬治理的目标，本书就不无意义。笔者希望各位企业家、领导者和管理者理解、谨记：薪酬治理可以简化为"能多给的就不要少给，能早给的就不要晚给"。员工和企业休戚与共，薪酬治理不仅要推动企业管理更上一层楼，也要维持员工的体面和尊严，二者的联动和平衡既需要科学审视，又需要艺术灵动。至于实际操作，诚如古人所言，"运用之妙，存乎一心"！

图书在版编目（CIP）数据

双赢：企业薪酬治理的第一原则 / 石伟著. —北
京：中国人民大学出版社，2023.6
ISBN 978-7-300-31797-7

Ⅰ.①双… Ⅱ.①石… Ⅲ.①企业管理—工资管理—
研究 Ⅳ.① F272.923

中国国家版本馆 CIP 数据核字（2023）第 094968 号

双赢：企业薪酬治理的第一原则

石伟 著

SHUANGYING: QIYE XINCHOU ZHILI DE DIYI YUANZE

出版发行	中国人民大学出版社			
社 址	北京中关村大街 31 号		**邮政编码**	100080
电 话	010–62511242（总编室）		010–62511770（质管部）	
	010–82501766（邮购部）		010–62514148（门市部）	
	010–62515195（发行公司）		010–62515275（盗版举报）	
网 址	http://www.crup.com.cn			
经 销	新华书店			
印 刷	涿州市星河印刷有限公司			
开 本	890 mm × 1240 mm 1/32		**版 次**	2023 年 6 月第 1 版
印 张	8.875 插页 2		**印 次**	2023 年 6 月第 1 次印刷
字 数	151 000		**定 价**	69.00 元